2 Satztechnik und Typografie Band 2 | **Satztechnische Grundlagen**

Lehrmittel-Ausgaben

1 Typografische Grundlagen
2 Satztechnische Grundlagen
3 Avor
4 Formenlehre
5 Typografie am Bildschirm

CD-ROM

Typografie am Bildschirm
Satztechnische Grundlagen

Herausgeber

comedia
die Mediengewerkschaft
Monbijoustraße 33
CH-3011 Bern
ISBN 3-9520934-0-8
5. erweiterte und auf InDesign aktualisierte Auflage

Die 1. Auflage dieses Lehrmittels wurde 1996 im Rahmen der schönsten Schweizer Bücher ausgezeichnet.

comedia-Autorenkollektiv

Gerhard Dude
Richard Frick
Christine Graber
Samuel Marty
Martin Sommer
Werner Meier (Lektorat)

Verantwortlich für diesen Band

Richard Frick

comedia-Verlag Bern

ZEICHENABSTAND

3 Dicktenaufbau
Zeichenbreiten
4 Zeichenabstand
5 Laufweite
6 Individuelle Laufweitenkorrektur
Laufweite versus Kerning
7 Optisches Kerning

WORTABSTAND

8 Wortabstände
Spaltenbreiten
9 Breite und schmale Schriften
11 QuarkXPress: Wortabstand bei Blocksatz in schmalen Spalten
12 InDesign: Wortabstand bei Blocksatz in schmalen Spalten

ZEILENABSTAND

13 Kompresser Satz
Durchschossener Satz
14 Mengensatz (Lesetext)
Zeilenlänge und Zeilenabstand
15 Schmaler Punzen
Breiter Punzen
Waagrechte Führung
Senkrechte Führung
Mittellängenhöhen

SCHRIFTFAMILIE

16 Schriftfamilie und Schriftschnitte, Strichstärke
17 Schriftlage, Schriftbreite, Kapitälchen
18 Schriftmodifikation
19 Modifikationen im Vergleich
20 Modifikationen im Detail
21 Schriftfamilien im Überblick
23 Erweiterte Schriftfamilien
24 Sonderzeichen/Expert-Fonts
25 Neigungswinkel der Univers kursiv
26 Fettenvergleich, Weitenvergleich

SCHRIFTKORREKTUR

27 Multiple Master Typefaces
28 Bodytype- und Supertype-Fonts
29 Schriftgrößenunterschiede
30 Schriftgrößen

SATZART

31 Satzart-Symbole, QuarkXPress-Tastaturkürzel
32 InDesign-Tastaturkürzel
33 Blocksatz
34 Optischer Randausgleich
35 Blocksatz mit variablem Zeichenabstand
36 Blocksatz mit ausgetriebener Ausgangszeile, Blocksatzverhalten bei Einzelwörtern
37 Linksbündiger Flattersatz
38 10 häufige Flattersatzfehler
40 Zeilenfall bei Titeln
41 Rechtsbündiger Flattersatz
42 Zentrierter Satz, Blocksatz mit verschränkten Zeilen
43 Menüs in QuarkXPress 5.0
44 Menüs in InDesign 2.0
45 InDesigns Absatzmethoden

AUSZEICHNUNGEN

46 Auszeichnen

SCHRIFTMISCHEN

48 Duktus, Mögliche Schriftmischung, Problematische Schriftmischung
49 Beispiele

GLOSSAR, ANHANG

50 Stichwortverzeichnis
51 Bibliografie, Dank

In QuarkXPress ist das Geviert mit 200 Einheiten definiert (siehe oben), in InDesign ist es das Fünffache: 1000 Einheiten.

Dicktenaufbau

Die Platzierung des Buchstabenbildes auf seinem jeweiligen Feld nennt man Zurichtung des Buchstabens. Die Grundlage bildet das Geviert. Es ist, je nach Anwenderprogramm, in eine unterschiedliche Anzahl von Einheiten aufgeteilt. In QuarkXPress sind es 200, in InDesign 1000 Einheiten. Die Einheiten sind für den Rechner die Grundlage zur Ermittlung der Zeichen- und Wortabstände. Je feiner ein Geviert unterteilt wird, desto genauer lassen sich die Buchstabenbreiten und -abstände regulieren. Der Zeichenabstand ergibt sich durch die Vor- und Nachbreite. Das M einer normalen Schrift hat damit etwa 200 bzw. in InDesign 1000 Einheiten.

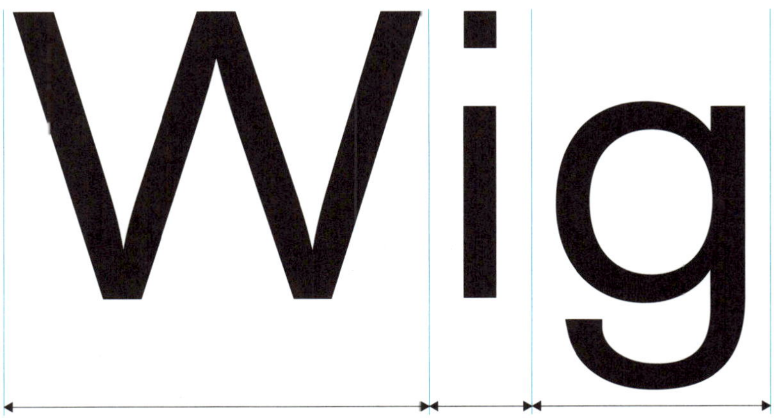

Die Zeichenbreite (Zeichen plus Vor- und Nachbreite) wird als Dickte bezeichnet.

Zeichenbreiten

Die Zeichen haben verschiedene Dicktenwerte. Je mehr Einheiten ein Geviert enthält, um so regelmäßiger und ausgeglichener werden die Wortbilder im gedruckten Text. Ein «W» reicht über die Breite eines Gevierts hinaus, während ein «i» nur etwa 25 % und ein «g» etwa 60 % eines Gevierts aufweist.

(→ Band 1, «Typografische Grundlagen», Seite 15)

Zeichenabstand

Der richtige Zeichenabstand ist von großer Bedeutung für die Lesbarkeit eines Textes. Ist er zu eng, wird das Schriftbild fleckig, ist er zu groß, entstehen Löcher. Beides behindert den Lesefluss.

Serifenlose Schriften

Die Laufweite sollte im Lesetext optimal gehalten werden. Die Ausgangslage bei der Bestimmung der Laufweite ist die normale Schrift. Bei normalen serifenlosen Schriften (→ Kapitel «Schriftfamilie») beträgt der Zeichenabstand etwa die Stärke eines Grundstriches (Stärke des «i»).

Bei zunehmendem Buchstabeninnenraum (Punzen) sollte die Laufweite weiter gehalten werden, bei abnehmendem Buchstabeninnenraum darf der Zeichenabstand kleiner sein.

Schriften in kleinen Schriftgrößen brauchen proportional mehr Zeichenabstand als Schriften in großen Graden.

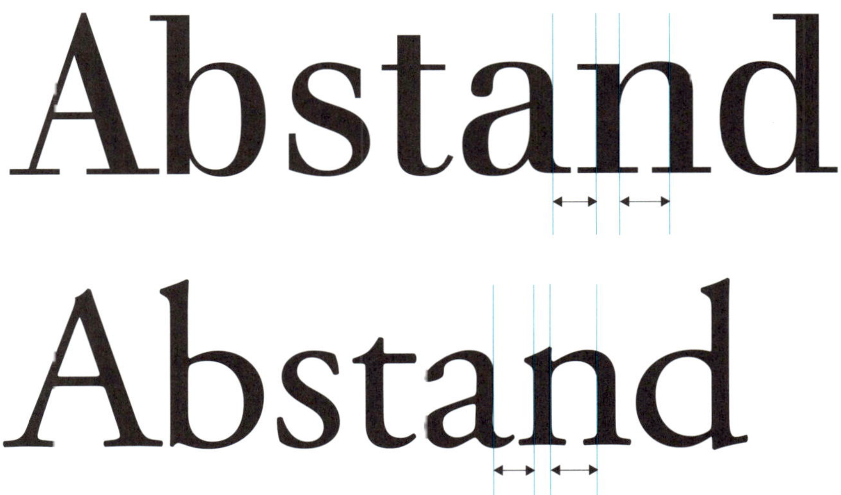

Serifenschriften

Bei Schriften mit Serifen hängt die Laufweite von den Serifen ab. Sie sollten eng stehen, sich jedoch nie berühren. Der Buchstabenabstand bei klassizistischen Schriften entspricht etwa dem Buchstabeninnenraum des «n» (siehe oberes Beispiel).

Bei Renaissance-Schriften ist der Zeichenabstand eher kleiner als der Punzen des «n» (Beispiel unten).

Reduzierte Laufweite

Hamburgefonts (-15)

Normale Laufweite

Hamburgefonts (±0)

Erweiterte Laufweite

Hamburgefonts (+20)

Ideale Laufweite

Hamburgefonts (-3)

QuarkXPress: Schrift «Neue Univers Basic Light», Laufweitenkorrekturen in 1/200-Einheiten

Reduzierte Laufweite

Hamburgefonts (-75)

Normale Laufweite

Hamburgefonts (±0)

Erweiterte Laufweite

Hamburgefonts (+100)

Ideale Laufweite

Hamburgefonts (-15)

InDesign: Schrift «Neue Univers Basic Light», Laufweitenkorrekturen in 1/1000-Einheiten

Die Laufweite

Die Laufweite wird bestimmt durch den Abstand der Buchstaben voneinander. Von den Programm- und Schrift-herstellern wird eine bestimmte Anzahl von Einheiten festgelegt, die eine gute Lesbarkeit beim Mengensatz garantieren sollen. Diese Werte sind für die unterschiedlichsten Buchstabenpaare in Unterschneidungs- bzw. Kerningtabellen hinterlegt.*
Wird der Zeichenabstand eng gehalten, spricht man von reduzierter Laufweite, wird er vergrößert, von erweiterter Laufweite.

(*siehe Stichwort «Zurichtung» auf der nächsten Seite)

eher erweitern

6 Punkt	Hamburgefonts	(+3)*
8	Hamburgefonts	(+3)
10	Hamburgefonts	(+2)
12	Hamburgefonts	(+1)
14	Hamburgefonts	(±0)
16	Hamburgefonts	(±0
18	Hamburgefonts	(–1)
20	Hamburgefonts	(–1)
24	Hamburgefonts	(–3)
36	Hamburgef	(–3)
48	Hamburge	(–5)
60	Hamburg	(–6)
72	Hamburg	(–7)

eher verringern

QuarkXPress
Linotype-Univers normal (55): Im Hintergrund die Schrift mit Laufweite ±0, im Vordergrund mit den angegebenen ¹⁄₂₀₀-Einheiten korrigiert. Diese Werte gelten nur für diesen Univers-Schnitt und in diesem Layoutprogramm.
Mit InDesign würden die Werte für das gleiche Ergebnis das Fünffache betragen aufgrund der um diesen Faktor feineren Auflösung des zugrunde liegenden Gevierts.

Individuelle Laufweitenkorrektur

Schriften werden heute in der Herstellung im Allgemeinen für eine Schriftgröße von etwa 12 Punkt zugerichtet. Daher stimmt die Laufweite theoretisch nur für diese Größe.
Da Schriften und ihre Zurichtung jedoch im Satz linear vergrößert oder verkleinert werden, sollte die Laufweite bei großen Graden verringert und bei kleinen Graden leicht erweitert werden.

Laufweite versus Kerning

Laufweitenkorrekturen betreffen immer ganze Wörter oder Absätze. Daher sind diese bestens in (selbst zu erstellenden) Zeichenformatkatalogen aufgehoben.
Im Gegensatz dazu beziehen sich Unterschneidungen immer auf einzelne Buchstabenpaare. Diese individuelle Anpassung im Layoutprogramm nennt sich: manuelles Kerning.
Der Textcursor steht zwischen den beiden Zeichen und der numerische Wert wird in ein entsprechendes Feld eingegeben. Dabei bleiben die herstellerspezifischen Kerningtabellen unangetastet, die Änderung findet nur im Dokument statt.
(→ Band 1, «Der Buchstabe»)
Übrigens sind Laufweite und manuelles Kerning kumulativ: Nachträgliche Laufweitenänderungen lassen zuvor eingegebene Kerning-Werte unverändert bestehen.

* Angabe in ¹⁄₂₀₀-Einheiten mit QuarkXPress

6 Punkt Hamburgefonts
8 Hamburgefonts
10 Hamburgefonts
12 Hamburgefonts
14 Hamburgefonts
16 Hamburgefonts
18 Hamburgefonts
20 Hamburgefonts
24 Hamburgefonts
36 Hamburgef
48 Hamburge
60 Hamburg
72 Hamburg

InDesign
Linotype-Univers normal (55): Im Hintergrund (schwarz) mit metrischem Kerning, die Schrift mit Laufweite ±0, im Vordergrund (grün) mit optischem Kerning – ebenfalls mit Laufweite ±0. Der Vergleich mit der vorhergehenden Seite zeigt gewisse Abweichungen. So setzt InDesign beispielsweise bei großen Graden die Zeile etwas luftiger.

Optisches Kerning

InDesign kennt neben dem metrischen noch ein optisches Kerning. Ersteres basiert auf den Dicktentabellen der Hersteller, während letzteres zur Abstandsberechnung zweier Zeichen die Buchstabenform wie auch den Weißraum dazwischen berücksichtigt. Selbst bei unterschiedlichen Schriftgrößen und Schriften ergeben sich so ausgeglichene Zeichenabstände.
Die Verwendung des optischen Kernings ist besonders bei textintensiven Dokumenten sehr anspruchsvoll, was die benötigte Rechenleistung betrifft.

Quorum **Venus**

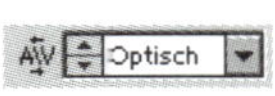

Quorum **Venus**

InDesign
Zeilen mit unterschiedlichen Schriftgrößen und Schriften werden durch optisches Kerning besser ausgeglichen.

Typografie kann umschrieben werden
als die Kunst,
das Satzmaterial in Übereinstimmung
mit einem bestimmten Zweck richtig zu gliedern,
also die Typen so anzuordnen
und die Zwischenräume so zu bestimmen,
dass dem Leser das Verständnis des Textes
im Höchstmaß erleichtert wird.

Der Buchstabeninnenraum des «n» ist etwa das Maß des normalen Wortabstandes bei einer normal laufenden Schrift.

TypografieikanniumschriebeniwerdenalsidieiKunst,
dasiSatzmaterialiiniÜbereinstimmung
mitieinemibestimmteniZweckirichtigizuigliedern,
alsoidieiTypenisoianzuordnen
undidieiZwischenräumeisoizuibestimmen,
dassidemiLeseridasiVerständnisidesiTextes
imiHöchstmaßierleichtertiwird.

Bei diesem Beispiel wurde anstelle des Wortabstandes ein gemeines «i» gesetzt. Die Zeilen laufen gleich breit wie bei normalen Wortabständen.

Wortabstände

Die Größe des Wortabstandes ist etwa ein Viertel bis ein Drittel des Gevierts, je nach Schriftschnitt, Schriftart und Schriftgröße: Im Minimum die Dickte des kleinen «i» oder die Punzenweite des «n». Je größer der Buchstabeninnenraum, desto größer die Wortabstände. Der Wortabstand sollte nicht größer sein als der optische Zeilenabstand. Ein zu großer Wortabstand zerreißt das Satzbild, bei zu kleinem Wortabstand fließen die Wörter zusammen – beides vermindert die Lesbarkeit. Der Wortabstand im normalen Blocksatz (50 bis 80 Zeichen pro Zeile) sollte im Minimum nicht weniger als 75 Prozent, im Maximum nicht mehr als 150 Prozent des Normalwortabstandes betragen.

Spaltenbreiten

Bei schmalen Satzspalten ist im Blocksatz meist ein größerer Spielraum für den Wortabstand nötig; im Minimum etwa 60 Prozent, im Maximum bis 180 Prozent des Idealwortabstandes. Bei breiten Spalten kann der Spielraum kleiner sein. Dabei spielt der Schriftcharakter immer eine wichtige Rolle (→ Seite 11).
Beim Flattersatz bleiben die Wortabstände gleich. Sie können bei kritischen Zeichenkombinationen (z. B. Ty, We) im Flatter- sowie im Blocksatz optisch korrigiert werden!

Typografie kann

Punzen

Typografie kann unter

Breite und schmale Schriften

Breite Schriften verlangen wegen des breiteren Punzen größere Wortabstände als schmale Schriften mit engerem Punzen. Deshalb sollte bei schmalen Schriften der optimale Wortabstand kleiner, bei breiten Schriften größer gehalten werden.

a Typografie kann unter Umständen Kunst sein

b Typografie kann unter Umständen Kunst sein

a **Typografie kann unter Umständen Kunst sein**

b **Typografie kann unter Umständen Kunst sein**

a **Typografie kann unter Umständen**

b **Typografie kann unter Umständen**

Nebenstehende Zeilen wurden mit den Einstellungen für den Wortabstand wie folgt gesetzt:
(a) «Optimal» = 85 %
(b) «Optimal» = 100 %

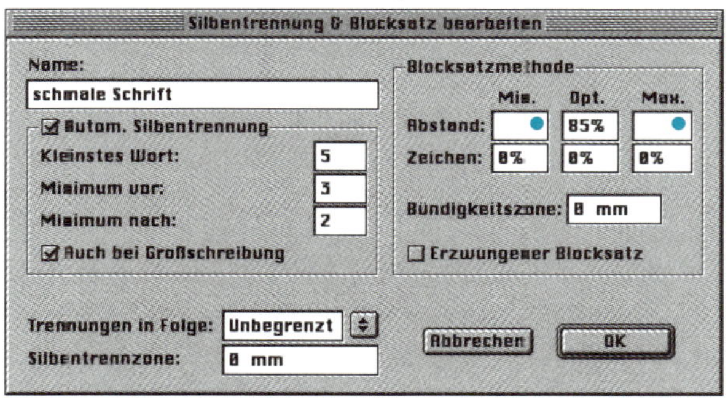

QuarkXPress 5.0
«S & B» bearbeiten: ⌥⌘H

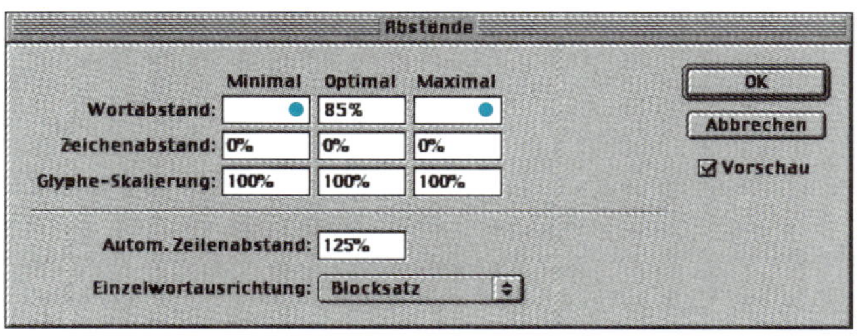

InDesign 2.0
«Abstände»: ⇧⌥⌘J

Schmal laufende Schriften im Layoutprogramm

Mögliche Korrekturen der Wortabstände einer schmalen Schrift: QuarkXPress (oben) und InDesign (unten).
Die Werte für Minimal und Maximal müssen der jeweiligen Spaltenbreite angepasst werden.

(zu schmalen Spalten → Seite 11)

a Typografie kann unter

b Typografie kann unter

a Typografie kann unter Um

b Typografie kann unter Um

a **Typografie kann unt**

b **Typografie kann unt**

Nebenstehende Zeilen wurden mit den Einstellungen für den Wortabstand wie folgt gesetzt:
(a) «Optimal» = 120 %
(b) «Optimal» = 100 %

Typografie kann unter Umstände

Typografie kann unter Umständen

Typografie kann unter Ums

Meistens werden die Wortabstände bereits während der Schriftherstellung korrigiert. In den nebenstehenden Beispielen wurden die Univers-Schnitte Normal, Eng und Breit in der 24-Punkt-Schriftgröße verwendet. Dabei wird deutlich, dass Korrekturen bezüglich des Wortabstands bereits vom Schrifthersteller gemacht wurden.
In der Gestaltungspraxis gibt es keine Patentrezepte: Richtwerte und ein gutes typografisches Auge weisen den Weg zu angepassten Lösungen.

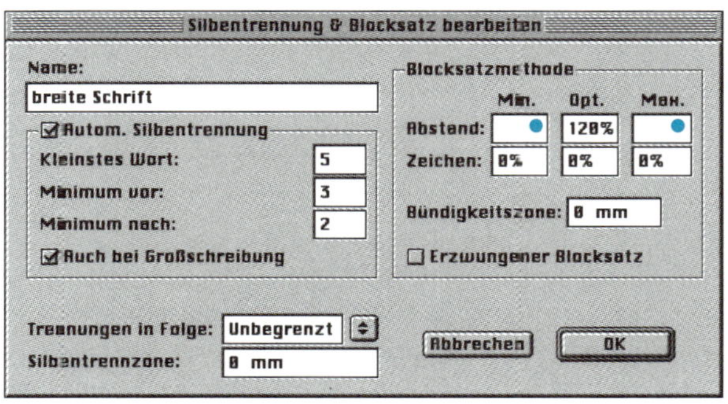

QuarkXPress 5.0
«S & B» bearbeiten: ⌥⌘H

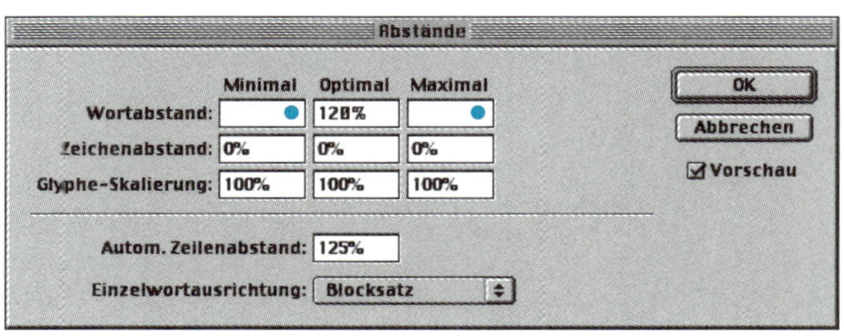

InDesign 2.0
«Abstände»: ⇧⌥⌘J

Breit laufende Schriften im Layoutprogramm
Mögliche Korrekturen der Wortabstände einer breiten Schrift: QuarkXPress (oben) und InDesign (unten).
Die Werte für Minimal und Maximal müssen der jeweiligen Spaltenbreite angepasst werden.

Etwa ab der Mitte des 19. Jahrhunderts zeigten sich in England erste Versuche, die Maschinenproduktion für eine ästhetisch-qualitative Verbesserung von Alltagsprodukten nutzbar zu machen. Die Erfolge schienen sich in Grenzen zu halten, wie die Bemühungen des Architekten Gottfried Semper, eines Mahners und Wegbereiters für ein verändertes Kunst- und Kulturschaffen, zeigten. Unter dem Eindruck der Londoner Weltausstellung von 1851 verfasste er seine Denkschrift «Wissenschaft, Industrie und Kunst». Darin zeigte er sich enttäuscht über Qualität und Anmutung industriegefertigter Produkte und regte zur Verbesserung dieses Tatbestandes die Einrichtung von beispielgebenden Sammlungen an, die gleichzeitig Orte der Ausbildung sein sollten. Auch hier wurde bereits die Forderung erhoben, dass die Baudisziplin den anderen Künsten vorstehe sowie ideelle und gewerbliche Kunst wieder zusammenfänden. Sempers Anregungen fanden Widerhall in der Gründung von Kunstgewerbemuseen und Kunstgewerbeschulen in England und auf dem europäischen Kontinent.

	Min.	Opt.	Max.
Abstand:	75%	100%	150%
Zeichen:	0%	0%	0%

Diese Toleranzen für den Wortabstand gelten für eine normal breite Spalte: Die etwas größeren «Löcher» im Text machen dies deutlich.

Etwa ab der Mitte des 19. Jahrhunderts zeigten sich in England erste Versuche, die Maschinenproduktion für eine ästhetisch-qualitative Verbesserung von Alltagsprodukten nutzbar zu machen. Die Erfolge schienen sich in Grenzen zu halten, wie die Bemühungen des Architekten Gottfried Semper, eines Mahners und Wegbereiters für ein verändertes Kunst- und Kulturschaffen, zeigten. Unter dem Eindruck der Londoner Weltausstellung von 1851 verfasste er seine Denkschrift «Wissenschaft, Industrie und Kunst». Darin zeigte er sich enttäuscht über Qualität und Anmutung industriegefertigter Produkte und regte zur Verbesserung dieses Tatbestandes die Einrichtung von beispielgebenden Sammlungen an, die gleichzeitig Orte der Ausbildung sein sollten. Auch hier wurde bereits die Forderung erhoben, dass die Baudisziplin den anderen Künsten vorstehe sowie ideelle und gewerbliche Kunst wieder zusammenfänden. Sempers Anregungen fanden Widerhall in der Gründung von Kunstgewerbemuseen und Kunstgewerbeschulen in England und auf dem europäischen Kontinent.

	Min.	Opt.	Max.
Abstand:	65%	90%	100%
Zeichen:	0%	0%	0%

Ein größerer Bereich mit einem geringeren Optimalwert ist eine sinnvolle Voreinstellung bei schmalen Spalten: Das Satzbild wirkt gegenüber dem linken Beispiel geschlossener.

QuarkXPress: Wortabstand bei Blocksatz in schmalen Spalten

Die Wortabstände in einer schmalen Spalte brauchen unter «Minimal» und eventuell auch unter «Optimal» kleinere Werte. Der Wert für «Maximal» kann höher gesetzt werden; er ist jedoch weniger entscheidend, da er selten Auswirkungen auf den Satz hat. Durch den größeren Toleranzbereich lässt sich eine gewisse Optimierung des Blocksatzes erreichen. Auffällige «Löcher» im Textgefüge werden damit in der Regel vermieden (rechtes Beispiel). Diesen Vorteil erkauft man sich jedoch mit dem Nachteil, dass es immer wieder Zeilen geben kann, deren Wortabstände etwas zu klein werden.

Wortabstand einstellen

Unterschiedliche «S&B»-Einstellungen (⌥⌘H) werden unterschiedlichen Anforderungen gerecht: Links die Vorgaben für normale Spalten, rechts – hier die richtige Wahl – die für schmale Spalten.

Etwa ab der Mitte des 19. Jahrhunderts zeigten sich in England erste Versuche, die Maschinenproduktion für eine ästhetisch-qualitative Verbesserung von Alltagsprodukten nutzbar zu machen. Die Erfolge schienen sich in Grenzen zu halten, wie die Bemühungen des Architekten Gottfried Semper, eines Mahners und Wegbereiters für ein verändertes Kunst- und Kulturschaffen, zeigten. Unter dem Eindruck der Londoner Weltausstellung von 1851 verfasste er seine Denkschrift «Wissenschaft, Industrie und Kunst». Darin zeigte er sich enttäuscht über Qualität und Anmutung industriegefertigter Produkte und regte zur Verbesserung dieses Tatbestandes die Einrichtung von beispielgebenden Sammlungen an, die gleichzeitig Orte der Ausbildung sein sollten. Auch hier wurde bereits die Forderung erhoben, dass die Baudisziplin den anderen Künsten vorstehe sowie ideelle und gewerbliche Kunst wieder zusammenfänden. Sempers Anregungen fanden Widerhall in der Gründung von Kunstgewerbemuseen und Kunstgewerbeschulen in England und auf dem europäischen Kontinent.

Minimal	Optimal	Maximal
75%	100%	150%

Bei Vorgaben für eine normal breite Spalte ist das Satzbild weniger harmonisch (Verwendung des Ein-Zeilen-Setzers).

Etwa ab der Mitte des 19. Jahrhunderts zeigten sich in England erste Versuche, die Maschinenproduktion für eine ästhetisch-qualitative Verbesserung von Alltagsprodukten nutzbar zu machen. Die Erfolge schienen sich in Grenzen zu halten, wie die Bemühungen des Architekten Gottfried Semper, eines Mahners und Wegbereiters für ein verändertes Kunst- und Kulturschaffen, zeigten. Unter dem Eindruck der Londoner Weltausstellung von 1851 verfasste er seine Denkschrift «Wissenschaft, Industrie und Kunst». Darin zeigte er sich enttäuscht über Qualität und Anmutung industriegefertigter Produkte und regte zur Verbesserung dieses Tatbestandes die Einrichtung von beispielgebenden Sammlungen an, die gleichzeitig Orte der Ausbildung sein sollten. Auch hier wurde bereits die Forderung erhoben, dass die Baudisziplin den anderen Künsten vorstehe sowie ideelle und gewerbliche Kunst wieder zusammenfänden. Sempers Anregungen fanden Widerhall in der Gründung von Kunstgewerbemuseen und Kunstgewerbeschulen in England und auf dem europäischen Kontinent.

Minimal	Optimal	Maximal
65%	90%	180%

Bei Vorgaben für eine schmale Spalte und einer leichten Optimierung der Wortabstände ergibt sich ein optisch ansprechenderes Ergebnis (Verwendung des Ein-Zeilen-Setzers).

Etwa ab der Mitte des 19. Jahrhunderts zeigten sich in England erste Versuche, die Maschinenproduktion für eine ästhetisch-qualitative Verbesserung von Alltagsprodukten nutzbar zu machen. Die Erfolge schienen sich in Grenzen zu halten, wie die Bemühungen des Architekten Gottfried Semper, eines Mahners und Wegbereiters für ein verändertes Kunst- und Kulturschaffen, zeigten. Unter dem Eindruck der Londoner Weltausstellung von 1851 verfasste er seine Denkschrift «Wissenschaft, Industrie und Kunst». Darin zeigte er sich enttäuscht über Qualität und Anmutung industriegefertigter Produkte und regte zur Verbesserung dieses Tatbestandes die Einrichtung von beispielgebenden Sammlungen an, die gleichzeitig Orte der Ausbildung sein sollten. Auch hier wurde bereits die Forderung erhoben, dass die Baudisziplin den anderen Künsten vorstehe sowie ideelle und gewerbliche Kunst wieder zusammenfänden. Sempers Anregungen fanden Widerhall in der Gründung von Kunstgewerbemuseen und Kunstgewerbeschulen in England und auf dem europäischen Kontinent.

Minimal	Optimal	Maximal
65%	90%	180%

Die Vorgaben für die Wortabstände entsprechen denen der zweiten Spalte. Hier wurde jedoch der Absatz-Setzer verwendet.

InDesign: Wortabstand bei Blocksatz in schmalen Spalten

InDesign verwendet als Standard für den Umbruch den Absatzsetzer (→ Seite 45). Bei den nebenstehenden Beispielen wurde diese Funktion nur in der rechten Spalte eingesetzt. Zusätzlich können entweder Wortabstände oder Trennungen optimiert werden. Da die gemachten Vorgaben jedoch nicht immer einzuhalten sind, können Abweichungen zur Kontrolle sichtbar gemacht werden. InDesign markiert dabei betroffene Zeilen farblich in vier Abstufungen. Die dunkelste Variante gilt den gravierendsten Abweichungen. Diese lassen sich bei schmalen Blocksatzspalten auch kaum vermeiden. Manuelle Eingriffe in das Satzbild (mit einer weichen Zeilenschaltung etwa) haben beim Absatzsetzer den Nachteil, dass auch Zeilen davor neu umbrochen werden.

Wortabstand einstellen

Im Menü «Abstände» wird der Spielraum für den Wortabstand festgelegt (⇧⌥⌘J). Unter «Silbentrennung» gibt es einen Regler für die Optimierung des Wortabstands (⌥⌘H). Die Vorgaben können jedoch kein Über- oder Unterschreiten verhindern, wenn innerhalb des Toleranzbereichs keine Silbentrennung möglich ist. Dies gilt übrigens unabhängig vom verwendeten Layoutprogramm.

Der Zeilenabstand wird von Schriftlinie zu Schriftlinie gemessen

Es war eine Schule, der es in exemplarischer Weise gelang, Kunst, Technik und Wissenschaften aufeinander zu beziehen, ja miteinander zu verzahnen. Der Name Bauhaus wurde den mittelalterlichen Bauhütten entlehnt. Es müsste wieder eine ähnliche Arbeitsgemeinschaft entstehen zwischen Werkkünstlern, Architekten, Bildhauern und Handwerkern aller Grade, wie sie während der Gotik existierte. Der erste Bauhaus-Direktor war der bereits erwähnte Walter Gropius (1919–1928).

Kompresser Satz
Von kompressem Satz spricht man, wenn der Zeilenabstand mit dem Schriftgrad identisch ist.
Beispiel:
Schriftgröße 12 Punkt
Zeilenabstand 12 Punkt

Es war eine Schule, der es in exemplarischer Weise gelang, Kunst, Technik und Wissenschaften aufeinander zu beziehen, ja miteinander zu verzahnen. Der Name Bauhaus wurde den mittelalterlichen Bauhütten entlehnt. Es müsste wieder eine ähnliche Arbeitsgemeinschaft entstehen zwischen Werkkünstlern, Architekten, Bildhauern und Handwerkern aller Grade, wie sie während der Gotik existierte. Der erste Bauhaus-Direktor war der bereits erwähnte Walter Gropius (1919–1928).

Durchschossener Satz
Ist der Zeilenabstand größer als der Schriftgrad, spricht man von durchschossenem Satz.
Beispiel:
Schriftgröße 12 Punkt
Zeilenabstand 16 Punkt

Den zwischen den Zeilen eingefügten Weißraum bezeichnet man als Durchschuss.

Durchschuss
Schriftgröße oder vertikaler Raumbedarf
Durchschuss

Der optische Zeilenabstand ist der Raum zwischen der Schriftlinie und der Mittellänge der nächsten Zeile

Typografie kann umschrieben werden
als die Kunst,
das Satzmaterial in Übereinstimmung
mit einem bestimmten Zweck richtig zu gliedern,
also die Typen so anzuordnen
und die Zwischenräume so zu bestimmen,
dass dem Leser das Verständnis des Textes
im Höchstmaß erleichtert wird.

x x

Mengensatz (Lesetext)

Der optische Zeilenabstand (optischer Durchschuss) sollte im Lesetext etwa das Eineinhalbfache der Mittellängenhöhe (x-Höhe) betragen – bei Überschriften kann es weniger sein. Der Wortabstand und der optische Zeilenabstand stehen etwa im Verhältnis 1:2.

Das Programm der elementaren Typografie, das zuerst von den Konstruktivisten kam, hat zweifellos der Auffassung typografischer Arbeit neue, grundsätzliche Wege gewiesen. Es hat vor allem veranlasst, auf den Gegebenheiten des Materials zu bauen und daraus eine satztechnische Form zu entwickeln. Die Propagierung von Klarheit, Exaktheit, Eindringlichkeit und abstrakter Form fand vor allem in Deutschland guten Boden. Wohl deshalb, weil die Verwendung optisch simpler Formen und primärer Farben einer allgemeinen primitiven Propagandavorstellung naheliegt.

Zeilenlänge und Zeilenabstand

Schmale Spalten brauchen weniger, breite Spalten mehr optischen Zeilenabstand.

Beispiele:

1. Schriftgröße 7,5 Punkt
   Zeilenabstand 11 Punkt
   Satzbreite 41 mm
   Flattersatz

2. Schriftgröße 7,5 Punkt
   Zeilenabstand 13 Punkt
   Satzbreite 98 mm
   Blocksatz

Das Programm der elementaren Typografie, das zuerst von den Konstruktivisten kam, hat zweifellos der Auffassung typografischer Arbeit neue, grundsätzliche Wege gewiesen. Es hat vor allem veranlasst, auf den Gegebenheiten des Materials zu bauen und daraus eine satztechnische Form zu entwickeln. Die Propagierung von Klarheit, Exaktheit, Eindringlichkeit und abstrakter Form fand vor allem in Deutschland guten Boden. Wohl deshalb, weil die Verwendung optisch simpler Formen und primärer Farben einer allgemeinen primitiven Propagandavorstellung naheliegt. Eindeutigkeit ist eine wichtige Forderung, aber unter vielen Forderungen nur eine!

Georges Braque hat bewusst einen
formalen Kanon geschaffen, jedoch

Oberlängenhöhe
Optischer Zeilenabstand
Mittellängenhöhe

Weniger Zeilenabstand

Schmaler Punzen
Schriften mit kleinem Buchstabeninnenraum (Punzen) brauchen weniger Zeilenabstand.

Mehr Zeilenabstand

Breiter Punzen
Schriften mit großem Buchstabeninnenraum brauchen mehr Zeilenabstand.

Weniger Zeilenabstand

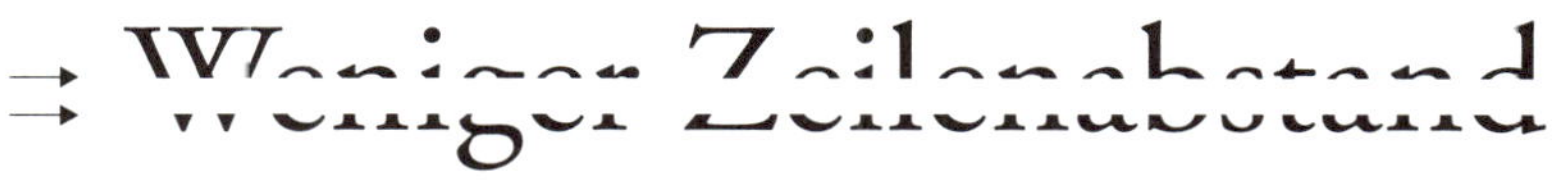

Waagrechte Führung
Schriften mit stärkeren Serifen brauchen weniger Zeilenabstand. Die Bandwirkung der Schrift ist durch die waagrechte Führung der Serifen eher gewährleistet.

Mehr Zeilenabstand

Senkrechte Führung
Schriften mit starker senkrechter Führung (klassizistische Schriften) brauchen mehr Zeilenabstand.

Mehr Zeilenabstand — **hohe Mittellängenhöhe**

Weniger Zeilenabstand — **kleine Mittellängenhöhe**

Mittellängenhöhen
Schriften mit hoher Mittellängenhöhe brauchen mehr, Schriften mit kleinerer Mittellängenhöhe weniger Zeilenabstand.

Neue Helvetica 25

extraleicht (Ultra Light)

Neue Helvetica 35

leicht (Thin)

Neue Helvetica 45

mager (Light)

Neue Helvetica 55

normal (Roman)

Neue Helvetica 65

halbfett (Medium)

Neue Helvetica 75

fett (Bold)

Neue Helvetica 85

extrafett (Heavy)

Neue Helvetica 95

ultrafett (Black)

Die oben genannten Bezeichnungen gelten nur für die Neue Helvetica. Bei anderen Schriften und Schriftenherstellern können auch folgende Bezeichnungen Anwendung finden:

für normal: Regular, Book;
für halbfett: Demi Bold/Semibold;
für dreiviertelfett: Demi Bold;
für extrafett: Black, Extra Bold, Ultra Bold;
für ultrafett: Heavy, Extra Black, Ultra Black oder Super.

Schriftfamilie und Schriftschnitte

Eine Schriftfamilie besteht aus mehreren Schriftschnitten. Diese Schnitte unterscheiden sich durch Strichstärke, Schriftbreite und Schriftlage. Bei einigen Schriftfamilien gehören noch Kapitälchen dazu (Versalien etwa in Mittellängenhöhe).

Strichstärke

Die Grundlage jeder Schrift bildet der «normale Schnitt». Bei großen Textmengen werden meistens normale Schnitte verwendet, weil sie für eine optimale Lesbarkeit geschaffen wurden. Magere und halbfette Schriften können auch als Grundtext verwendet werden (sie sind meistens weniger gut lesbar), fette Schriften werden vielfach als Überschriften gebraucht.

Univers 55

Univers Regular

Univers 65

Univers Bold

Univers 75

Univers Black

Bei gewissen Schriften – zum Beispiel der Linotype-DTP-Univers – wird der halbfette Schnitt als Bold und der fette Schnitt als Black bezeichnet.

Futura Light, Book und Regular

Futura Light Futura Book Futura Regular

Avenir Light, Book und Roman

Avenir Light Avenir Book Avenir Roman

Der Schriftschnitt Book liegt zwischen dem leichten und dem normalen Schnitt.

Neue Helvetica 56 Italic

kursiv (Italic, Oblique)

Neue Helvetica 55 Roman

normal, gerade stehend (Regular, Roman)

Adobe-Garamond Italic

kursiv (Italic)

Adobe-Garamond Regular

normal, gerade stehend (Regular, Roman)

Univers 59 Ultra Condensed Regular

eng (Compressed, Ultra Condensed)

Univers 57 Condensed Regular

schmal (Condensed)

Univers 55 Regular

normal (Regular, Roman)

Univers 53 Extended

breit (Extended Regular)

Adobe-Garamond Expert

ECHTE KAPITÄLCHEN

Adobe-Garamond

UNECHTE KAPITÄLCHEN

Schriftlage

Unter Schriftlage sind Schnitte wie Normal (Regular) und Kursiv (Italic, Oblique) gemeint. Der Ausdruck Oblique weist meistens auf einen schräg gestellten serifenlosen Schnitt hin, während (echte) kursive Schnitte der Gruppen I–IV* als Italic bezeichnet werden.

Schriftbreite

Die Bezeichnung der Schriftbreiten geht ebenfalls vom Normalschnitt aus. Als Normalschnitt bezeichnet man eine Schrift, deren «n» (einschließlich Vor- und Nachbreite) etwa die Breite eines Halbgevierts misst.

Bei gewissen Schriften wie beispielsweise der Helvetica, wird Eng noch zusätzlich in Extra- und Ultra-Compressed unterschieden:

Compressed Regular

Extra Compressed

Ultra Compressed

Kapitälchen

Kapitälchen (Small Caps) sind Versalien etwa in Mittellängenhöhe (x-Höhe). Man sollte darauf achten, immer echte Kapitälchen zu verwenden. Typografisch schlecht ist es, Versalien auf Mittellängenhöhe zu verkleinern (unechte Kapitälchen), da die Stärke der Kleinbuchstaben nicht mit der Stärke der Großbuchstaben identisch ist.

* Nach DIN-Klassifikation 16518

Helvetica Bold, Schriftgröße 120 Punkt

EST

Helvetica Bold, Schriftgröße 120 Punkt, **horizontal gedehnt: 140%**

EST

Helvetica Bold, Schriftgröße 120 Punkt, **horizontal gestaucht: 60%**

EST

Helvetica Bold, Schriftgröße 120 Punkt, **vertikal gedehnt: 140%**

EST

Helvetica Bold, Schriftgröße 120 Punkt, **vertikal gestaucht: 60%**

EST

Schriftmodifikation

Elektronisch ist es möglich, Schriften zu verbreitern, zu verschmälern und zu verschrägen. Nebenstehende Zeichen wurden mit den angegebenen Einstellungen verzerrt.

(siehe zur Schriftmodifikation auch die beiden folgenden Seiten)

QuarkXPress 5.0

Unter Menü «Zeichenattribute» kann die Schrifthöhe oder -breite skaliert werden. Jede Abweichung von 100 % unter «Skalieren» verzerrt eine Schrift.

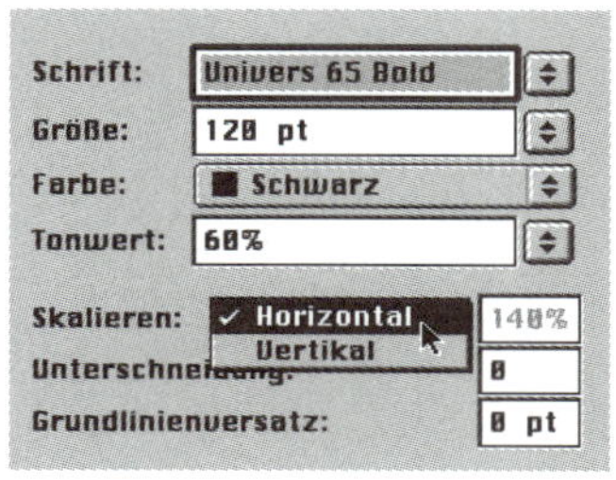

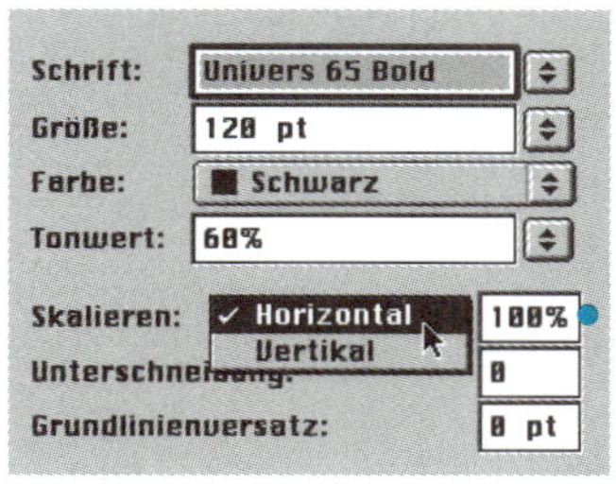

InDesign 2.0

Über die «Zeichen»-Palette kann auch die Erscheinung einer Schrift verändert werden. InDesign nennt eine Verschrägung der Schrift «Pseudo-Kursive».

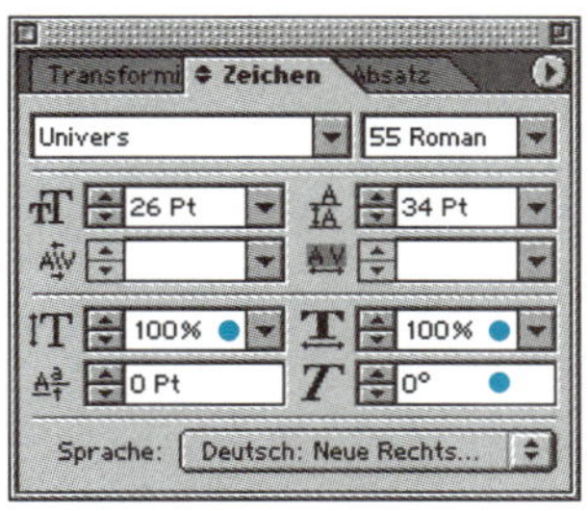

Helvetica Bold, Original-Schnitt

Hamburgefonts

Helvetica Bold Extended

Hamburgefonts

Helvetica Bold **breit gestellt**

Hamburgefonts

Helvetica Condensed Bold, Original-Schnitt

Hamburgefonts

Helvetica Bold **schmal gestellt**

Hamburgefonts

Helvetica Bold Oblique, Original-Schnitt

Hamburgefonts

Helvetica Bold **schräg gestellt**

Hamburgefonts

Adobe-Garamond Roman

Hamburgefonts

Adobe-Garamond Italic

Hamburgefonts

Adobe-Garamond **schräg gestellt**

Hamburgefonts

Modifikationen im Vergleich

Manipulationen (Verbreitern, Verschmälern, Verschrägen) verändern das Schriftbild. Zum einen wird der Stärkenkontrast horizontaler und vertikaler Striche verändert, zum anderen werden Kurvenverläufe und Proportionen unharmonisch. Bevor man in die Ästhetik einer Schrift eingreift, empfiehlt es sich daher eher, mit einer anderen, passenderen Schrift zu arbeiten.

Helvetica Extended Bold — **Schrift**

Helvetica Bold breit gestellt — **Schrift**

Helvetica Extended Heavy — **Schrift**

Helvetica Heavy breit gestellt — **Schrift**

Helvetica Extended Black — **Schrift**

Helvetica Black breit gestellt — **Schrift**

Helvetica Condensed Bold — **Schrift**

Helvetica Bold schmal gestellt — **Schrift**

Schriftschnitt Garamond Italic — *Schrift*

Garamond Roman schräg gestellt — *Schrift*

Modifikationen im Detail

Ein Formenvergleich spricht eindeutig gegen die Modifikation von Schriftschnitten.

Grundstrichverhältnis

Horizontale und Vertikale einer Schrift sind aus optischen Gründen fast immer unterschiedlich – die Vertikalen sind meist stärker:

Verbreitern

Beim breit Stellen einer Schrift werden die senkrechten Striche fetter, die horizontalen bleiben unverändert:

Verschmälern

Beim schmal Stellen werden die senkrechten Striche horizontal gestaucht:

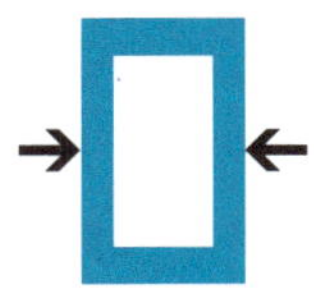

Verschrägung

Bei der Verschrägung erfahren alle nicht horizontalen Kanten eine Neigung um einen bestimmten Winkel:

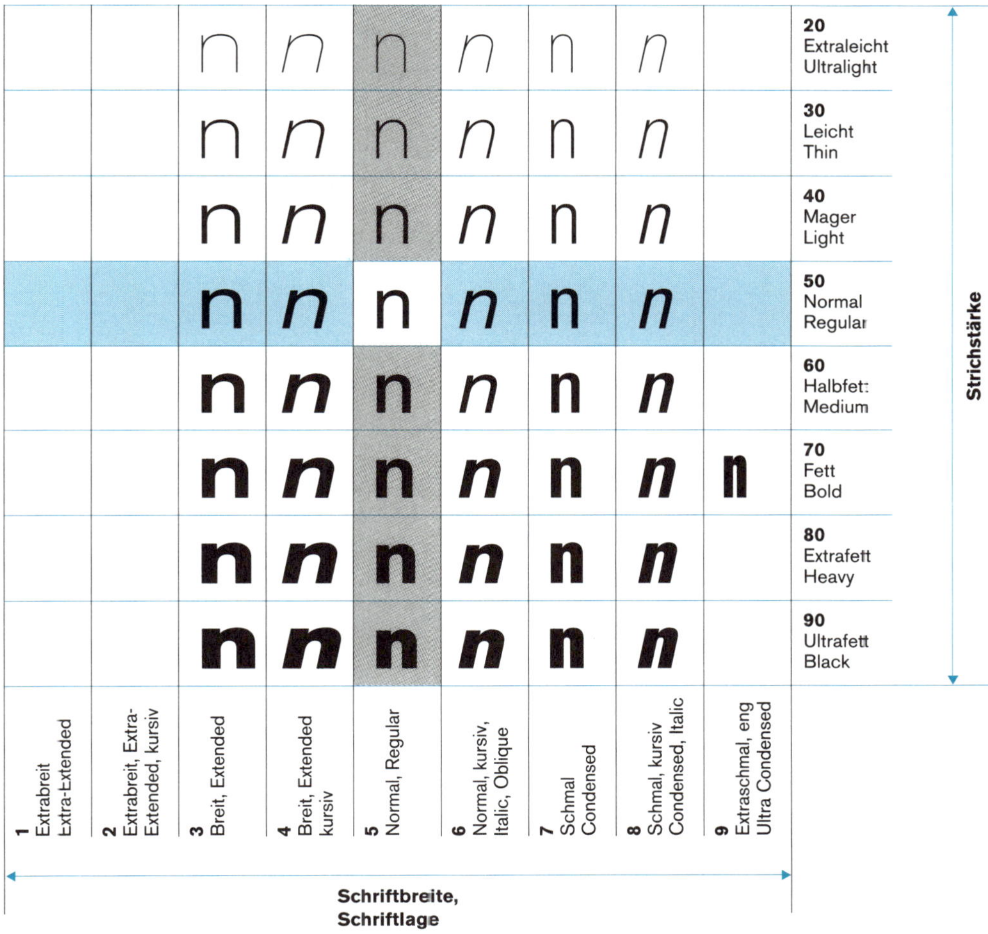

Schriftfamilien im Überblick

Tabellarische Zusammenstellungen von Schriftfamilien zeigen in Kurzform deren Formensprache (Schriftlage, Schriftbreite und Strichstärke).

Neue Helvetica

Das linke Beispiel zeigt an der Neuen Helvetica, wie weit eine Schriftfamilie ausgebaut sein kann (Aufstellung nach System Frutiger).

Die Einer stehen für Schriftbreite und Schriftlage. Ungerade Ziffern stehen für gerade stehende Schnitte, gerade Ziffern für kursive Schnitte. Die Zehner stehen für die Strichstärke der Schrift.

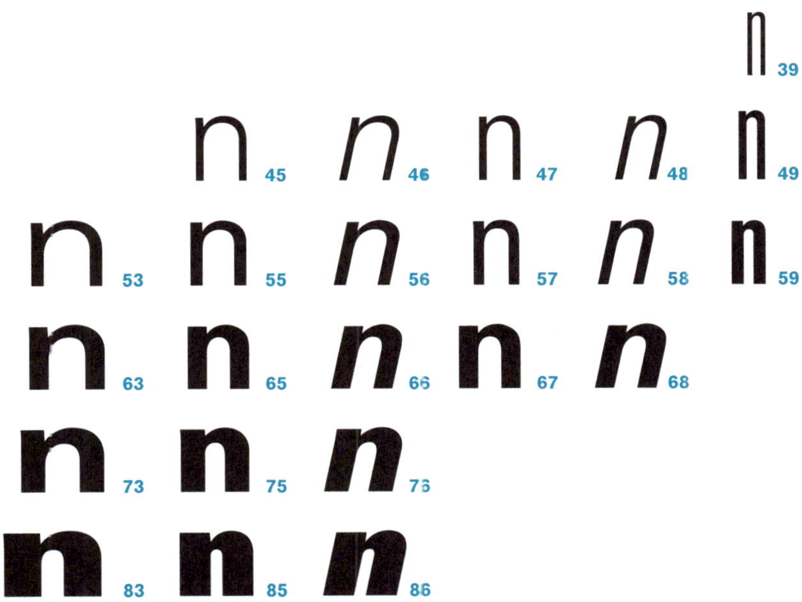

Schriftnormierung nach Adrian Frutiger

Das System Frutiger, aufgezeigt an einem «n», mit der Schriftfamilie Univers. Die vordere Zahl bezeichnet die Strichstärke, die hintere Zahl die Schriftlage und -breite.

Linotype-Univers

Die neue Linotype-Univers ist eine komplett überarbeitete Version der vor 40 Jahren entstandenen Schriftfamilie von Adrian Frutiger.

Jeder Schriftschnitt ist mit einer dreistelligen Nummer ausgestattet. Die erste Stelle bezeichnet die Strichstärke, die mittlere die Breite und die letzte Stelle die Lage. Die Schriftfamilie ist exklusiv von Linotype Library erhältlich und enthält 59 Schriftschnitte.

Rotis Sans Serif Regular	Hamburgefonts
Rotis Semi Sans Serif Regular	Hamburgefonts
Rotis Serif Regular	Hamburgefonts
Rotis Semi Serif Regular	Hamburgefonts

Stone Sans	Hamburgefonts
Stone Sans Phonetic IPA	ˈhambʊʀgəfɔnts
Stone Serif	Hamburgefonts
Stone Serif Phonetic IPA	ˈhambʊʀgəfɔnts
Stone Informal	Hamburgefonts

Beowolf Serif R21	Hamburgefonts
Beowolf Serif R22	Hamburgefonts
Beowolf Serif R23	Hamburgefonts

Kosmik Plain One	Hamburgefonts
Kosmik Plain Two	Hamburgefonts
Kosmik Plain Three	Hamburgefonts

Erweiterte Schriftfamilien (Schriftsippen)

Gewisse Schriften sind nicht nur durch Lage, Breite und Stärke differenziert, sondern auch im Schriftbild. So führen die Rotis und die Stone verschiedene Familien (serifenlose und Serifen-Varianten [Hybrid-Schriften]) zu einer Großfamilie zusammen. Vielfach werden Semi-Sans und Semi-Serif als Hybridform bezeichnet. Zusätzlich besitzt die Stone-Familie noch den Font Phonetic Alternate.

Neue Schriften wie die Beowolf und Kosmik sind in ihren Grundformen differenziert.

Die Beowolf arbeitet mit einem Zufallsgenerator, der bewirkt, dass dasselbe Zeichen in einem Satz immer wieder eine etwas andere Form aufweist. Die Kosmik-Flipper Plain sucht sich die Zeichen aus drei verschiedenen Schnitten mittels eines Austauschgenerators zusammen. Diese zwei Schriften sind jedoch nicht für größere Textmengen geeignet.

a a a a

Veränderungen der Zeichen bei der Beowolf Serif R22.

g g g g g

Austausch der Zeichen bei der Kosmik-Flipper Plain.

Adobe-Garamond Alternativzeichen (AGaramond Alt)	☙ ✤ Q t a ct e n r t z
Adobe-Garamond Alternativzeichen kursiv (AGaramond Alt Italic)	*& ✤ A B C D E F G H I J K L M N O P Q R S T U V W X Y Z ct st v*
Adobe-Garamond Expertzeichen (Adobe-Garamond Expert) Kapitälchen und Sonderzeichen	A B C D E F G H I J K L M N O P Q R S T U V W X Y Z ¢ $ $ &
Gemeine Ziffern	0 1 2 3 4 5 6 7 8 9
Bruchziffern	¼ ½ ¾ ⅛ ⅜ ⅝ ⅞ ⅓ ⅔
Ligaturen	ff fl fi ffi ffl
Währungszeichen	£ $ ¥ *f*
Akzente, Umlaute	Á À Â Ä Å Ç É È Ê Ë Í Ì Î Ï Ñ Ó Ò Ô Ö Õ Ú Ù Û Ü
Hochgestellte Ziffern	Wort $^{1\ 2\ 3\ 4\ 5\ 6\ 7\ 8\ 9\ 0}$
Tiefgestellte Ziffern	Wort $_{1\ 2\ 3\ 4\ 5\ 6\ 7\ 8\ 9\ 0}$

Sonderzeichen/Expert-Fonts

Heute verbessert sich die Schriftqualität der DTP-Schriften stetig. Alternativ-Fonts*, wie sie auch schon im Bleisatz vorhanden waren und für eine gute Typografie absolut unabdingbar sind, gehören heute wieder zum Font-Repertoire vieler Schrifthersteller.

Am nebenstehenden Beispiel der Adobe-Garamond wird ersichtlich, wie umfangreich Schriftfamilien gezeichnet werden. Zierbuchstaben, Bruchziffern, Gemeine Ziffern und Ligaturen sind in einer Schriftfamilie vereint.

Mit dem neuen Fontformat «OpenType» dürfte sich der Umfang der Zeichenanzahl noch vergrößern.

* Im Fotosatz auch Pi-Fonts genannt

kursiv

Linotype-Univers (konturiert) über Berthold-Univers

kursiv

Scangrafic-Univers (konturiert) über Berthold-Univers

Neigungswinkel der Univers kursiv

Die Normalschräglage der Kursivschriften beträgt etwa 12°. Bei der Bleisatz-Univers waren es etwa 17°; die Scangrafic-, Berthold- und URW-Univers behielten diese Schräglage bei. Der Neigungswinkel bei der Linotype-DTP-Univers beträgt 12°. Neigungen von weniger als 10° bieten nicht genügend Unterschiede zur aufrechten Version, bei über 17° scheint die Schrift in den Bereich des «Umfallens» zu geraten.

Univers

Bleisatz-Univers etwa 17°

Univers

Linotype-Univers 55 Oblique (DTP) 12°

Univers

neue Linotype-Univers 431 Basic Regular Italic etwa 17°

Univers

URW-Univers Normal Italic (DTP) etwa 17°

Univers

Scangrafic-Univers Normal Italic (DTP) etwa 17°

Univers

Berthold-Univers 56 Normal Italic (DTP) etwa 17°

Nebenstehende Beispiele zeigen die unterschiedliche Art, in der Schrifthersteller ihre Schriften digitalisieren. Während Berthold, URW und Scangrafic die Univers kursiv nach dem Neigungswinkel des Original-Bleisatzschnittes digitalisierten, verschrägte Linotype die kursive Univers auf 12°.

Bei der neuen Linotype-Univers* wurde jedoch der Neigungswinkel der Kursiven wieder auf 17° festgelegt (siehe Beispiel nebenan). Die neue Linotype-Univers ist qualitativ weit besser als die erste von Linotype herausgegebene Univers.

Alle Beispiele sind 48 Punkt groß und mit Laufweite ±0 gesetzt.

* Von Adrian Frutiger neu gezeichnete Univers (→ Seite 22)

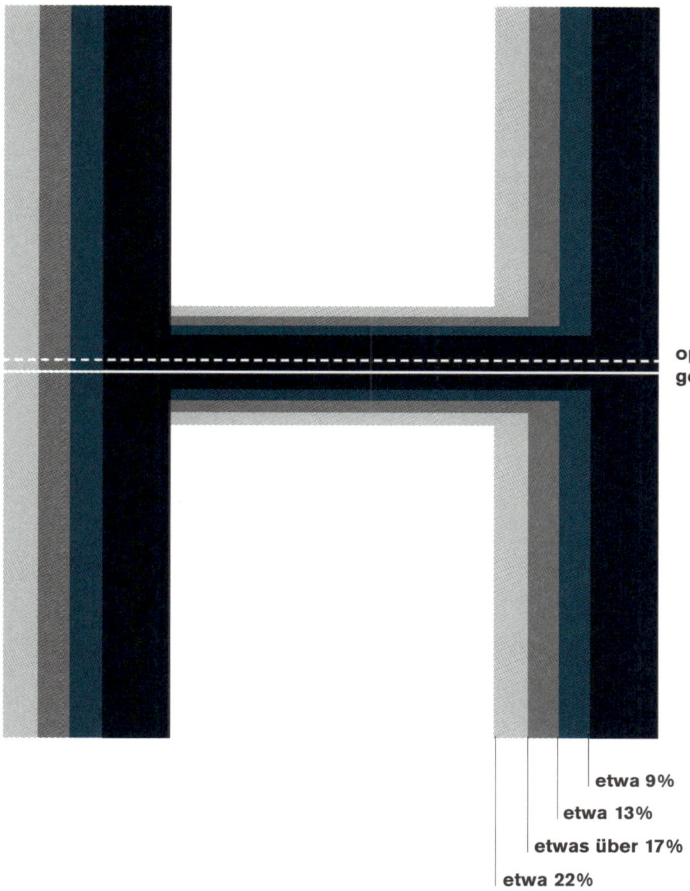

Fettenvergleich

Linotype-DTP-Univers

Die Fettenverhältnisse (Höhe zu Stärke) sind etwa:

9% = mager
13% = normal (grün)
17% = halbfett
22% = fett

Die Breite eines normalen H beträgt etwa ¾ der Versalhöhe. Die Strichstärke eines normalen Univers-«H» beträgt etwa 13% der Versalhöhe. Die optische Mitte liegt leicht über der geometrischen bzw. rechnerischen Mitte. (Die Angaben gelten nur für die verwendete neue Linotype-Univers.)

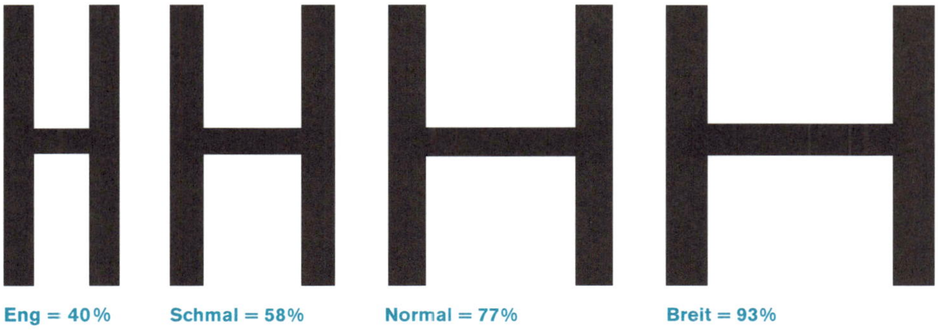

Weitenvergleich

Linotype-DTP-Univers Regular

Die Verhältnisse der Buchstabenbreiten zur Versalhöhe betragen etwa:

Eng = 40%
Schmal = 58%
Normal = 77%
Breit = 93%

Lesbarkeit

Eine im «Multiple Master Typefaces» generierte 6-Punkt-Schrift auf 80 Punkt vergrößert. Serifen und Strichstärke sind fetter als bei der unten stehenden vergrößerten 38-Punkt-Minion.

Lesbarkeit

Eine im «Multiple Master Typefaces» generierte 38-Punkt-Schrift auf 80 Punkt vergrößert. Serifen und Strichstärke sind feiner als bei der oben stehenden vergrößerten 6-Punkt-Minion.

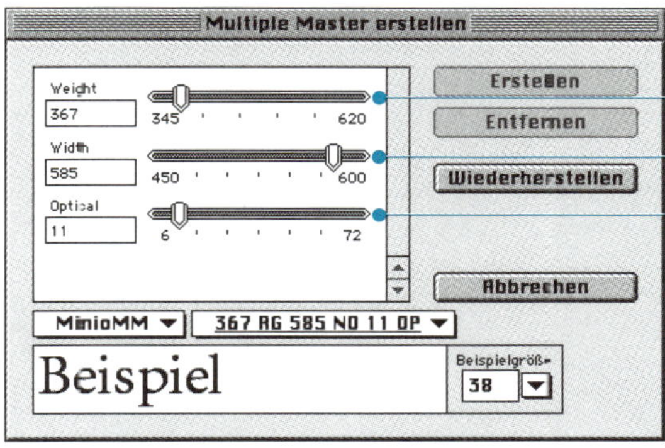

Schieber für Strichstärke

Schieber für Schriftbreite

Schieber für optische Korrektur

Dialogfenster «Multiple Master Typefaces»

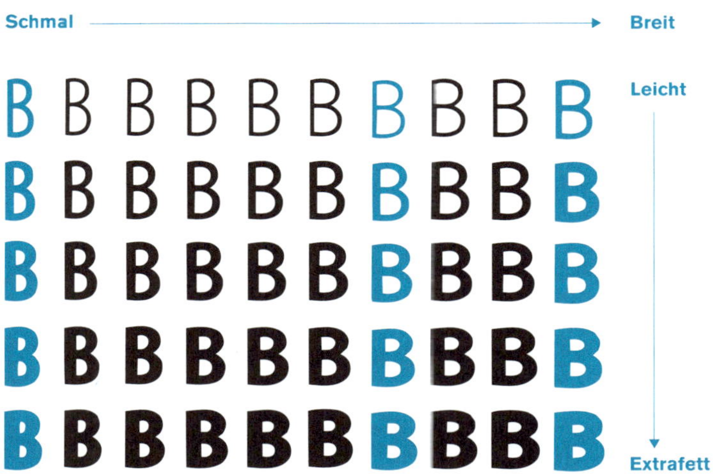

«Multiple Master Typefaces»

Mit dem Programm «Multiple Master Typefaces» ist es möglich, Probleme mit Schriften zu umgehen, die beim linearen Vergrößern und Verkleinern entstehen (bei kleinen Graden zu feine Serifen, zu schwache Strichstärke und zu enge Punzen, bei großen Graden zu fette Serifen, zu starke Strichstärke sowie zu große Punzen). Das nebenstehende Beispiel zeigt zwei mit «Multiple Master Typefaces» korrigierte Schnitte der Schrift Minion. Mit «Multiple Master Typefaces» kann die Schriftbreite und Strichstärke korrigiert werden ohne die hässlichen Nebenerscheinungen der üblichen Schriftmodifikationen. (➔ Seite 18 ff.)

Bei «Multiple Master Typefaces» verändert sich neben der Stärke der Serifen auch die Laufweite je nach Schriftgröße:

6-Punkt-Outline-Schrift und 72-Punkt-Schrift (Farbe), gezeigt an einer 50-Punkt-Schriftgröße.

Scangrafic-Bodytype Roman	Hamburgefonts
Scangrafic-Supertype Roman	Hamburgefonts
Scangrafic-Bodytype Medium	**Hamburgefonts**
Scangrafic-Supertype Medium	**Hamburgefonts**

Bodytype- und Supertype-Fonts

Scangraphic bietet Schriften für den Titelsatz (Supertype) sowie Grundschriften (Bodytype) an. Bei den Titelsatz-Fonts ist die Laufweite enger gehalten. Nebenstehende Beispiele, mit ±0 gesetzt, zeigen die Unterschiede zwischen den Scangraphic-Univers-Bodytype-Schriften (Grundschriften) und den Univers-Supertype-Schriften (Titelsatz- und Plotterschriften). Bei großen Schriftgraden ist die Verwendung solcher Fonts zwingend geboten. Vor allem bei Beschriftungen und Plakatproduktionen sollten Schriften zur Anwendung kommen, die für Großanwendungen zugerichtet wurden.

Scangrafic-Bodytype Scangrafic-Supertype

Zusätzlich sind die Bodytype-Schriften offsetkorrigiert. Gemeint ist damit das Verjüngen der im spitzen Winkel zusammenlaufenden Balken. Dadurch kann ein Verdicken der Zeichen bei kleinen Graden verhindert werden.

1 Hamburgefonts

2 Hamburgefonts

3 Hamburgefonts

4 Hamburgefonts

Schriftgrößenunterschiede

Je nach Schrifthersteller können Schriften in der Größe differieren. Nebenstehendes Beispiel zeigt vier normale Univers-Schnitte in 40-Punkt-Größe (±0 gesetzt).

1. Neue Linotype-Univers
2. URW-Univers
3. Scangraphic-Univers (Supertype)
4. Berthold-Univers

---

1 **Hamburgefonts**

2 Hamburgefonts

3 Hamburgefonts

4 Hamburgefonts

Nebenstehende Schriften sind alle aus der 40-Punkt-Größe gesetzt. Deutlich erkennbar sind die Unterschiede in der Schriftgröße. Um das Problem der unterschiedlichen Schriftgrößen zu lösen, wäre es wünschenswert, die Schriftgröße nach ihrer Versalhöhe zu definieren. 1-Punkt-Versalhöhe entspräche 0,25 mm in der Versalhöhe (System Scangraphic). Eine 8-Punkt-Schrift würde somit eine Versalhöhe von 2 mm aufweisen, eine 9-Punkt-Schrift eine Versalhöhe von 2,25 mm.

1. Aachen Bold
2. Meta Normal
3. Vectora
4. Stempel Garamond

Beispiel der x-Höhenmessung

Beispiel für die Versalhöhenmessung

In QuarkXPress

Mit der zusätzlichen Software H-xTension kann entweder die x- oder die Versal-Höhe für unterschiedliche Schriften einheitlich (numerisch) vorgegeben werden.

In QuarkXPress werden jedoch mm-Werte wieder in Punktwerte umgerechnet.

Konsultationsgrößen (6 bis 8 Punkt)

6 Punkt	Hamburgefonts
7 Punkt	Hamburgefonts
8 Punkt	Hamburgefonts

Lesegrößen (9 bis 12 Punkt)

9 Punkt	Hamburgefonts
10 Punkt	Hamburgefonts
11 Punkt	Hamburgefonts
12 Punkt	Hamburgefonts

Schaugrößen (ab 14 Punkt)

14 Punkt	Hamburgefonts
24 Punkt	Hamburgefonts
28 Punkt	Hamburgefonts
36 Punkt	Hamburgefonts
48 Punkt	Hamburgefon

Schriftgrößen

Die Schriftgrößen sind heute stufenlos einstellbar. Trotzdem ist es nicht ratsam, Schriftgrößen bis drei Stellen nach dem Komma zu definieren, sondern in 0,5-Punkt-Schritten (Problem des Nachsetzens). Geht man von allgemeinen Lesetexten aus, werden die Schriftgrade in drei Gruppen eingeteilt:

Konsultationsgrößen

Auskunftsfunktionen wie Fußnoten, Register, Lexika, Wörterbücher, Telefonbücher usw.

Lesegrößen

Texte, mit denen man sich längere Zeit beschäftigt. Diese Größen sind optimal lesbar.

Schaugrößen

Überschriften, Titel, Buchumschläge, Anschläge, Plakate usw.

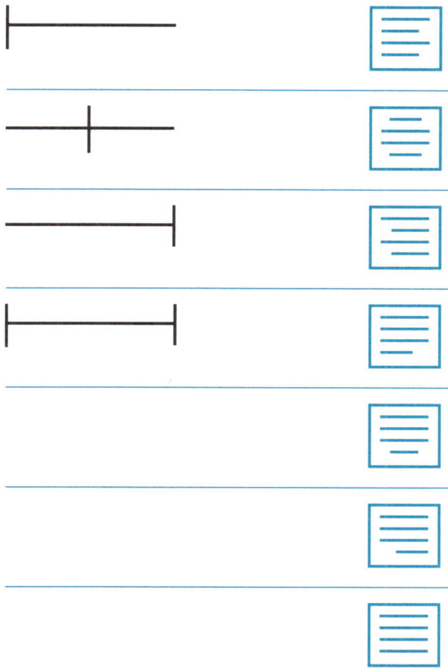

Flattersatz linksbündig	
Zentrierter Satz, Axialsatz, Mittelachsensatz	
Flattersatz rechtsbündig	
Blocksatz	
Blocksatz mit zentrierter Ausgangszeile	
Blocksatz mit rechtsbündiger Ausgangszeile	
Blocksatz mit ausgetriebener Ausgangszeile, erzwungener Blocksatz	

Satzart-Symbole

Die angegebenen Symbole werden auch in den Layoutprogrammen verwendet. Blocksatz mit zentrierter bzw. rechtsbündiger Ausgangszeile wird in QuarkXPress 5.0 (noch) nicht unterstützt.

	Flexibles Leerzeichen*	Einheiten
Geviert	200%	200
Halbgeviert	100%	100
Viertelgeviert	50%	50
Achtelgeviert	25%	25

QuarkXPress-Tastaturkürzel

Einheiten und die wichtigsten Tastaturkürzel zur Textbearbeitung in QuarkXPress 5.0.

Spationierung	Tastaturkürzel (D)	(CH)
Minus 1/20-Geviert … Plus 1/20-Geviert	⇧⌘Ä … ⇧⌘#	⇧⌘Ä … ⇧⌘$
Minus 1/200-Geviert … Plus 1/200-Geviert	⇧⌥⌘Ä … ⇧⌥⌘#	⇧⌥⌘Ä … ⇧⌥⌘$

Leerraum	Tastaturkürzel
Halbgeviert … geschütztes Halbgeviert	⌥␣ … ⌥⌘␣
Viertelgeviert (Wortabstand)	⇧␣
Geschütztes Leerzeichen	⌘␣
Flexibles Leerzeichen … geschütztes FL*	⇧⌥␣ … ⇧⌥⌘␣

Anführungen	Tastaturkürzel
Guillemets: «…», »…«	⌥Q … ⇧⌥Q
einfache Guillemets: ‹…›, ›…‹	⇧⌥B … ⇧⌥N
Gänsefüßchen: “…”	⌥2 … ⇧⌥2

Striche, Auslassung	Tastaturkürzel	
Geviertstrich	⇧⌥-	
geschützter Halbgeviertstrich	⌥-	
Divis (Trennstrich)	-	
Bruchstrich	⌥/	⇧⌥4
Auslassungspunkte	⌥.	

*Unter: «Bearbeiten → Vorgaben → Zeichen», Wert des Spatiums am besten zwischen 25% (Achtelgeviert) und 30% einstellen.

	Einheiten
Geviert	1000
Halbgeviert	500
Viertelgeviert	250
Achtelgeviert	125

Spationierung	Tastaturkürzel
Minus 1/10-Geviert … Plus 1/10-Geviert	⌥⌘← … ⌥⌘→
Minus 1/50-Geviert … Plus 1/50-Geviert	⌥← … ⌥→

Leerraum	Tastaturkürzel
Geviert	⇧⌘**M**
Halbgeviert	⇧⌘**N**
Viertelgeviert (Wortabstand)	⇧⌥⌘**M***
Geschütztes Leerzeichen	⌥␣
Achtelgeviert	⇧⌥⌘**I***
Raum für Zahlen	⇧⌥⌘**8**
Raum für Satzzeichen**	

Striche, Auslassung	Tastaturkürzel
Geviertstrich**	
Halbgeviertstrich**	
Divis (Trennstrich)	-

InDesign-Tastaturkürzel
Einheiten und wichtige Tastaturkürzel zur Textverarbeitung in InDesign 2.0.

Es gibt keine speziellen Schweizer Tastaturkürzel, die die Codierungsbesonderheiten berücksichtigen (beispielsweise kein «ß» und eine andere Belegung des «#»-Zeichens).
Es kann jedoch eine individuelle Anpassung der Tastaturkürzel vorgenommen werden.**

PopChar
PopChar ist ein Utility unter Mac OS und dient dem schnellen Auffinden und Eingeben von (Sonder-)Zeichen. Die Belegung des aktiven Zeichensatzes und die den jeweiligen Zeichen zugeordneten Tastaturcodes werden angezeigt.

* Eventuell werden falsche Leerräume generiert: statt ein Viertel- ein Achtelgeviert und statt eines Achtelgevierts etwa der vierundzwanzigste Teil eines Gevierts (InDesign 2.0).
** Die Tastaturbelegung kann über «Bearbeiten → Tastaturbefehle …» eingestellt werden.

In dieser Anthologie wurden vor allem die Dichter berücksichtigt, deren Werke schwer zugänglich sind, die keinen bekannten Verleger fanden und die nur in kleinen, rasch vergriffenen Auflagen erschienen sind. Das Schicksal, das ihre Arbeiten einem größeren Leserkreis entzog und sie mehr in den Hintergrund drängte, scheint uns jedoch nicht so mit ihrer künstlerischen Dimension, mit ihrer persönlichen Intensität und ihrer entwicklungsgeschichtlichen Bedeutung in Einklang zu stehen. Es wurde daher hier versucht, eine Gruppe solcher Abseitiger zusammenzustellen und dem Publikum zugänglich zu machen, zwischen denen trotz individueller Verschiedenheiten, trotz beträchtlicher Generationsabstände und nationaler Unterschiede eine gewisse spirituelle Verbindung lebendig ist. Zeitlich und räumlich Auseinanderliegendes wurde geistig zusammengerückt und über alle persönliche und regionale Vielfalt hinaus wieder als Einheit gesehen.

Blocksatz (beidseitig bündig gesetzt)

Blocksatz

Die ideale Satzbreite liegt bei 50 bis 80 Zeichen/Buchstaben oder 8 bis 10 Wörtern je Zeile. Im Blocksatz sollte die Satzbreite von 40 Zeichen nicht unterschritten werden (wegen der großen Löcher bei den Wortabständen). Zudem ermüdet das Auge bei zu häufigem Zeilenwechsel. Beim Blocksatz – für große Textmengen unbedingt zu wählen – sollten nie mehr als drei bis vier aufeinander folgende Trennungen gesetzt werden.

Oben stehende Kriterien gelten ausschließlich für die deutsche Sprache (lange, zusammengesetzte Wörter). Im Italienischen zum Beispiel (viele kurze Wörter mit ein, zwei oder drei Buchstaben) sind auch im Blocksatz schmalere Spalten möglich, ohne große Löcher im Satz entstehen zu lassen.

(→ Seite 11,12)

Toleranzangaben für Wortabstände können nur Richtgrößen sein. Aufgaben in der Praxis erfordern ein individuelles Herantasten (Testreihen).

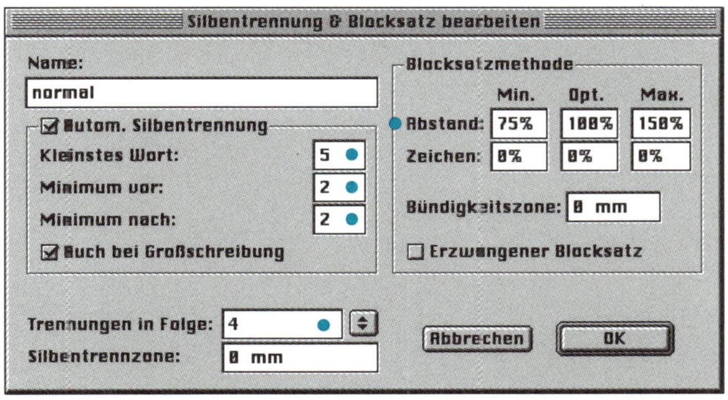

QuarkXPress 5.0
«S & B» bearbeiten: ⌥⌘H

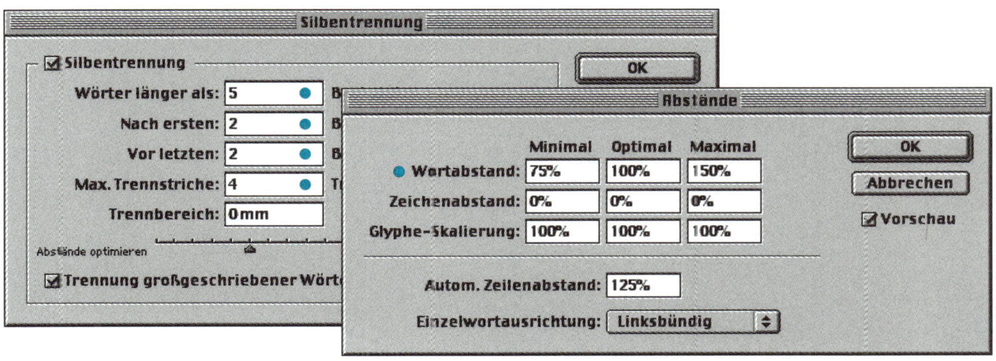

InDesign 2.0
«Silbentrennung»: ⌥⌘H
«Abstände»: ⇧⌥⌘J

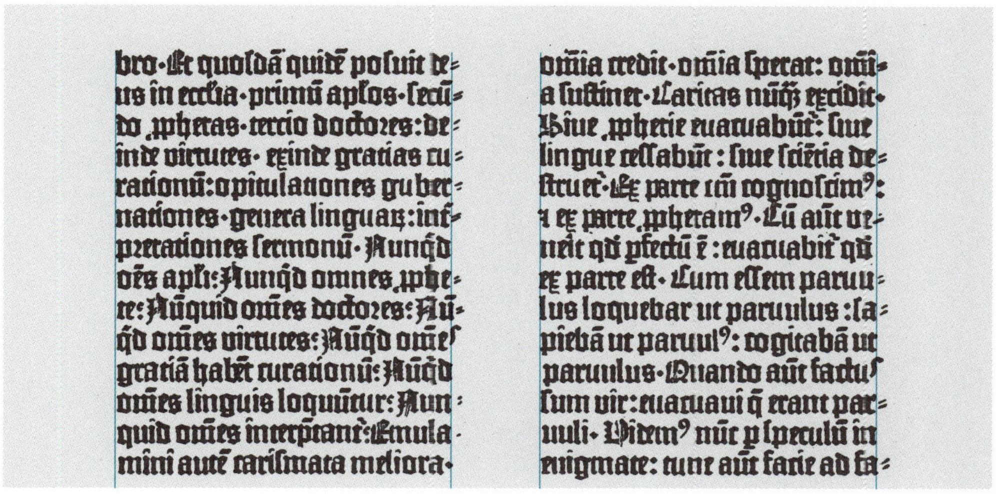

Bereits Gutenberg wandte die Technik des optischen Randausgleichs an. Trennstriche positionierte er leicht über der rechten Satzkante. Damit verhinderte er, dass kleine Löcher an der Satzkante entstanden. Moderne Layoutprogramme wie InDesign machen es möglich, dass diese jahrhundertealte Technik wieder angewendet werden kann.

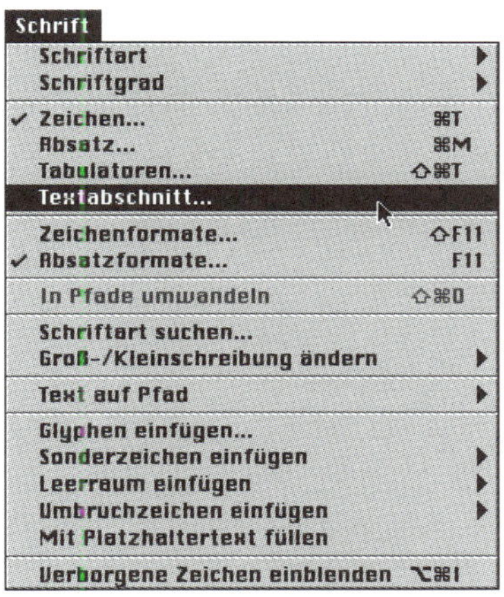

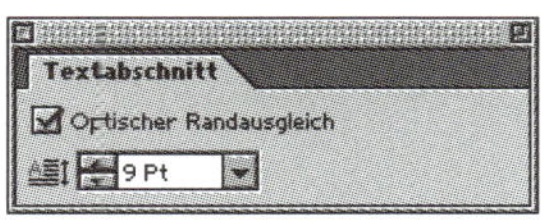

Unter «Schrift → Textabschnitt» kann der optische Randausgleich definiert werden. Je größer die Vorgabe, desto größer der Versatz. Der Wert soll in etwa der verwendeten Schriftgröße entsprechen.

Die Arbeit der Proletarier hat durch die Ausdehnung der Maschinerie und die Teilung der Arbeit allen selbständigen Charakter und damit allen Reiz für die Arbeter verloren. Er wird ein bloßes Zubehör der Maschine, von dem nur der einfachste, eintönigste, am leichtesten erlernbare Handgriff verlangt wird. Die Kosten, die der Arbeiter verursacht, beschränken sich daher fast nur auf die Lebensmittel, die er zu seinem Unterhalt und zur Fortpflanzung seiner Race bedarf. Der Preis

tigt, hat-
Verl und
«grö :hen
hatt ick-

Ohne Randausgleich

Die Arbeit der Proletarier hat durch die Ausdehnung der Maschinerie und die Teilung der Arbeit allen selbständigen Charakter und damit allen Reiz für die Arbeter verloren. Er wird ein bloßes Zubehör der Maschine, von dem nur der einfachste, eintönigste, am leichtesten erlernbare Handgriff verlangt wird. Die Kosten, die der Arbeiter verursacht, beschränken sich daher fast nur auf die Lebensmittel, die er zu seinem Unterhalt und zur Fortpflanzung seiner Race bedarf. Der Preis

tigt, hat-
Verle und
«grö :hen
hatt vick-

Mit Randausgleich

Optischer Randausgleich

InDesign bietet die Möglichkeit eines optischen Randausgleichs. Dies bedeutet, dass die Zeichen optisch auf die Satzkante links – bei Blocksatz auch rechts – ausgerichtet werden. Diese Funktion erhöht die Satzqualität stark.

Vorwärts zu Gutenberg

Bereits Gutenberg hat bei seiner 42-zeiligen Bibel Mitte des 15. Jahrhunderts die Technik des optischen Randausgleichs angewendet. InDesign bietet diese Satzqualität wieder an. Satzzeichen wie Kommas und Doppelpunkte werden dabei leicht über die Satzkante gestellt. Somit entsteht eine optisch korrigierte Satzkante.

In dieser Anthologie wurden vor allem die Dichter berücksichtigt, deren Werke schwer zugänglich sind, die keinen bekannten Verleger fanden und die nur in kleinen, rasch vergriffenen Auflagen erschienen sind. Das Schicksal, das ihre Arbeiten einem größeren Leserkreis entzog und sie mehr in den Hintergrund drängte, scheint uns jedoch nicht so mit ihrer künstlerischen Dimension, mit ihrer persönlichen Intensität und ihrer entwicklungsgeschichtlichen Bedeutung in Einklang zu stehen. Es wurde daher hier versucht, eine Gruppe solcher Abseitiger zusammenzustellen und dem Publikum zugänglich zu machen, zwischen denen trotz individueller Verschiedenheiten, trotz beträchtlicher Generationsabstände und nationaler Unterschiede eine gewisse spirituelle Verbindung lebendig ist. Zeitlich und räumlich Auseinanderliegendes wurde geistig zusammengerückt und über alle persönliche und regionale Vielfalt hinaus wieder als Ein-

Blocksatz mit variablem Zeichenabstand

Die Variation des Wortabstands ist eine Möglichkeit, die Bündigkeit der Satzkanten zu erreichen. Eine weitere ist es, die Variation des Zeichenabstands zuzulassen. Dabei wird eine eventuell zuvor festgelegte Laufweite (Zeichenformat) durch Toleranzvorgaben modifiziert. Erweiterte oder verringerte Zeichenabstände sind jedoch typografisch im europäischen Schriftsatz nicht verantwortbar. Das linke Beispiel zeigt plakativ, wie bei den farbigen Zeilen die Laufweite unschön verändert wird.
Als einziges Regulativ im Blocksatz bleibt der Wortabstand. Die Vorgabewerte sind abhängig vom Schrifttyp und der Spaltenbreite (→ Seite 9).

Minimal-, Optimal- und Maximal-Zeichenabstand müssen immer auf «0» eingestellt sein!

Blocksatzverhalten bei Einzelwörtern: Diese Option bzw. Situation sollte gemieden werden. Mehr dazu auf der Folgeseite.

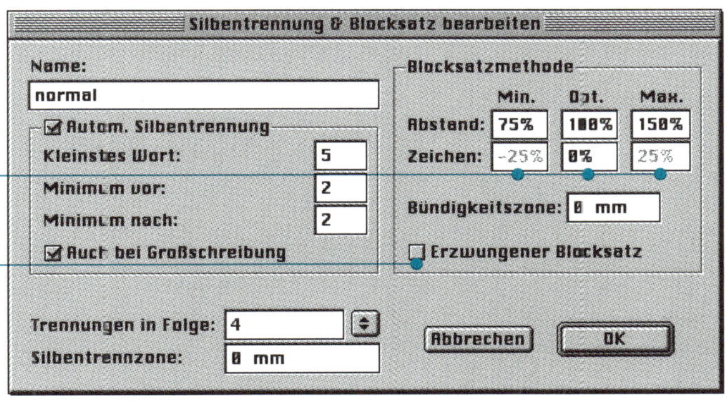

QuarkXPress 5.0
«Silbentrennung & Blocksatz bearbeiten»: ⌥⌘H

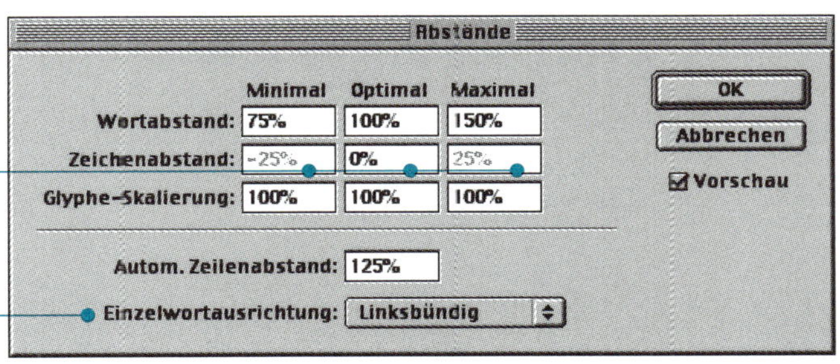

InDesign 2.0
«Abstände»: ⇧⌥⌘J

In dieser Anthologie wurden vor allem die Dichter berücksichtigt, deren Werke schwer zugänglich sind, die keinen bekannten Verleger fanden und die nur in kleinen, rasch vergriffenen Auflagen erschienen sind. Das Schicksal, das ihre Arbeiten einem größeren Leserkreis entzog und sie mehr in den Hintergrund drängte, scheint uns jedoch nicht so mit ihrer künstlerischen Dimension, mit ihrer persönlichen Intensität und ihrer entwicklungsgeschichtlichen Bedeutung in Einklang zu stehen. Es wurde daher hier versucht, eine Gruppe solcher Abseitiger zusammenzustellen und dem Publikum zugänglich zu machen, zwischen denen trotz individueller Verschiedenheiten, trotz beträchtlicher Generationsabstände und nationaler Unterschiede eine gewisse spirituelle Verbindung lebendig ist. Zeitlich und räumlich Auseinanderliegendes wurde geistig zusammengerückt und über alle persönliche und regionale Vielfalt hinaus wieder als Einheit gesehen.

Blocksatz mit ausgetriebener Ausgangszeile bzw. erzwungener Blocksatz

In dieser Anthologie wurden vor allem die Dichter berücksichtigt, deren Werke schwer zugänglich sind, die keinen bekannten Verleger fanden und die nur in kleinen, rasch vergriffenen Auflagen erschienen sind. Das Schicksal, das ihre Arbeiten einem größeren Leserkreis entzog und sie mehr in den H i n t e r g r u n d drängte, scheint uns jedoch nicht so mit ihrer künstlerischen Dimension, mit ihrer persönlichen Intensität und ihrer entwicklungsgeschichtlichen Bedeutung in Einklang zu stehen. Es wurde daher hier versucht, eine Gruppe solcher Abseitiger zusammenzustellen

In dieser Anthologie wurden vor allem die Dichter berücksichtigt, deren Werke schwer zugänglich sind, die keinen bekannten Verleger fanden und die nur in kleinen, rasch vergriffenen Auflagen erschienen sind. Das Schicksal, das ihre Arbeiten einem größeren Leserkreis entzog und sie mehr in den Hintergrund drängte, scheint uns jedoch nicht so mit ihrer künstlerischen Dimension, mit ihrer persönlichen Intensität und ihrer entwicklungsgeschichtlichen Bedeutung in Einklang zu stehen. Es wurde daher hier versucht, eine Gruppe solcher Abseitiger zusammenzustellen

Blocksatzverhalten bei Einzelwörtern: Links aktiviert und rechts deaktiviert. In beiden Fällen ist das Ergebnis nicht befriedigend. Für das Problem gibt es nur eine Lösung: Vermeidung von Blocksatz.

Blocksatz mit ausgetriebener Ausgangszeile

Bei dieser Blocksatzvariante werden die Wortabstände der letzten Zeile so weit ausgetrieben, dass der Text die gesamte Zeile einnimmt. Bei einzelnen Wörtern werden die Zeichenabstände so erweitert, bis das Wort die Ausgangszeile füllt. Beim Blocksatz sollte in den Programmen daher immer das linke Symbol aktiviert sein:

Blocksatzverhalten bei Einzelwörtern

Diese zusätzliche Option legt das Verhalten eines Einzelwortes in einer Blocksatzspalte fest: Es wird auf Spaltenbreite ausgetrieben. Deaktiviert bedeutet in QuarkXPress linksbündige Ausrichtung. In InDesign kann zwischen linksbündiger, rechtsbündiger und zentrierter Ausrichtung gewählt werden.

(➔ Abbildung vorhergehende Seite)

Weder noch …

Beide Blocksatzoptionen – Ausgangszeile und Einzelwörter betreffend – sind typografisch nicht vertretbar und die entsprechenden Optionen müssen daher stets deaktiviert sein. In QuarkXPress wird Blocksatz mit ausgetriebener Ausgangszeile auch als «erzwungener Blocksatz» bezeichnet. InDesign nennt dies «Blocksatz (alle Zeilen)».

In dieser Anthologie wurden vor allem die Dichter berücksichtigt, deren Werke schwer zugänglich sind, die keinen bekannten Verleger fanden und die nur in kleinen, rasch vergriffenen Auflagen erschienen sind. Das Schicksal, das ihre Arbeiten einem größeren Leserkreis entzog und sie mehr in den Hintergrund drängte, scheint uns jedoch nicht mit ihrer künstlerischen Dimension, mit ihrer persönlichen Intensität und ihrer entwicklungsgeschichtlichen Bedeutung in Einklang zu stehen. Es wurde daher hier versucht, eine Gruppe solcher Abseitiger zusammenzustellen und dem Publikum zugänglich zu machen, zwischen denen trotz individueller Verschiedenheiten, trotz beträchtlicher Generationsabstände und nationaler Unterschiede eine gewisse spirituelle Verbindung lebendig ist. Zeitlich und räumlich Auseinanderliegendes wurde geistig zusammengerückt und über alle persönliche und regionale Vielfalt hinaus wieder als Einheit gesehen.

Flattersatz linksbündig

Jede Geschichte hat ihre Vorgeschichte. Diejenige der Maifeierbewegung ist der jahrhundertealte Kampf um die Befreiung des Menschen von der Ausbeutung durch den Menschen.

Zum geschichtlichen Hintergrund der 1.-Mai-Feier gehören aber auch die uralten Frühlingsfeste mit ihren Wurzeln in vorchristlicher Zeit, die das Neuerwachen der Natur, den Eros, die Fruchtbarkeit und ganz allgemein die Lebensfreude feierten, denn der 1. Mai ist nicht nur der Kampftag gegen Ausbeutung und Unterdrückung – der Befreiung aus Mühsal und Arbeit; er ist auch das Symbol der Hoffnung auf eine bessere Zukunft, er verkündet die Utopie einer Gesellschaft und einer Welt in Freiheit, Gleichheit, Menschlichkeit und Solida-

Vielfach wird das Geviert als Einzugsgröße verwendet. Dies ist jedoch nicht verbindlich. Bei großen Einzügen muss darauf geachtet werden, dass die Ausgangszeile größer ist als der Einzug.

Linksbündiger Flattersatz

Linksbündiger Flattersatz ist für ein schmales Satzformat geeignet. Guter Flattersatz ist eine große Herausforderung. Er ist wesentlich zeitraubender herzustellen als Blocksatz, da die Trennungen manuell nachbearbeitet werden müssen – das macht den Flattersatz wesentlich teurer. Der rhythmischen Wirkung des Zeilenfalls kommt große Bedeutung zu; bei sprachlich guten Trennungen können auch mehr als drei Worttrennungen untereinander stehen. Der Flatterbereich beträgt im Normalfall etwa ⅕ bis ⅐ der Satzbreite. Zu beachten ist jedoch, dass bei gleich bleibender Satzbreite der Flatterbereich proportional mit der Schriftgröße zunimmt. Elektronische, also dem Computerprogramm überlassene Zeilentrennungen sind typografisch meist schlecht. Der Wortabstand beim Flattersatz bleibt – abgesehen von optischen Korrekturen – unverändert, was vom Satzbild aus gesehen ein großer Vorteil ist.

Rausatz

Flattersatz mit kurzem Flatterbereich, bei dem auch Wörter mit fünf Buchstaben problemlos getrennt werden dürfen, wird als Rausatz bezeichnet.

Einzüge

Zur Kennzeichnung eines neuen Absatzes beim Flattersatz wird häufig der Einzug angewendet. Damit wird dem/der Leser/-in die Absatzmarkierung optisch klar ersichtlich. Die Größe der Einzüge richtet sich nach der Schriftgröße, dem Zeilenabstand und den Weißräumen, die durch die Gestaltung gegeben sind.

10 häufige Flattersatzfehler

Die Schriftwahl ist von eminenter Bedeutung;
nicht nur im Buch, sondern auch in der täglichen
Werbung vermag sie das «Innere nach außen zu stül-
pen». Über die Schriftwahl hinaus ist noch etwas anderes
wichtig: Man muss die Absicht hinter der typografischen
Form erkennen können. Und: Typografie muss les-
bar sein. Wenn man aber von Typografie Lesbar-

1 Treppen
Treppen mit der Ausdehnung nach außen oder nach innen sind unschön.

Die Schriftwahl ist von eminenter Bedeutung;
nicht nur im Buch, sondern auch in der täglichen
Werbung vermag sie das «Innere nach außen zu
stülpen». Über die Schriftwahl hinaus ist noch
etwas anderes wichtig: Man muss die Absicht
hinter der typografischen Form erkennen
können. Und: Typografie muss lesbar

2 Bäuche
Wenn im Flattersatz Rundformen entstehen, muss anders umbrochen werden.

Die Schriftwahl ist von eminenter Bedeutung;
nicht nur im Buch, sondern auch in der täg-
lichen Werbung vermag sie das «Inne-
re nach außen zu stülpen». Über die Schrift-
wahl hinaus ist noch etwas anderes wichtig:
Man muss die Absicht hinter der typografi-
schen Form erkennen können. Und: Typografie

3 Schlechte Trennungen
Typografisch und sprachlich schlechte Trennungen müssen korrigiert werden.

Die Schriftwahl ist von eminenter Bedeutung;
nicht nur im Buch, sondern auch in der
täglichen Werbung vermag sie das «Innere nach
außen zu stülpen». Über die Schriftwahl
hinaus ist noch etwas anderes wichtig: Man
muss die Absicht hinter der typografischen
Form erkennen können. Und: Typografie

4 Allein stehende Wörter…
…sollten möglichst vermieden werden. Bei großem Flattersatzbereich ist dies schwer möglich.

Die Schriftwahl ist von eminenter Bedeutung;
nicht nur im Buch, sondern auch in der täglichen
Werbung vermag sie das «Innere nach außen zu
stülpen». Über die Schriftwahl hinaus ist noch et-
was anderes wichtig: Man muss die Absicht hinter
der typografischen Form erkennen können. Und:
Typografie muss lesbar sein. Wenn man aber von

5 Schlechter Rhythmus
Die Länge der Zeilen sollte so differenziert sein, dass ein rhythmisierter Flattersatz entsteht.

Die Schriftwahl ist von eminenter Bedeutung;
nicht nur im Buch, sondern auch in
der täglichen Werbung vermag sie das «Innere
nach außen zu stülpen». Über die Schriftwahl
hinaus ist noch etwas anderes wichtig: Man muss
die Absicht hinter der typografischen Form er-
kennen können. Und: Typografie muss lesbar sein.

6 Löcher…
… entstehen durch einzelne allzu kurze Zeilen. Dies ist optisch unschön.

Die Schriftwahl ist von eminenter Bedeutung; nicht
nur im Buch, sondern auch in der täglichen Werbung
vermag sie das «Innere nach außen zu stülpen».
Über die Schriftwahl hinaus ist noch etwas anderes
wichtig: Man muss die Absicht hinter der typografi-
schen Form erkennen können. Und: Typografie muss
lesbar sein. Wenn man aber von Typografie Lesbarkeit

7 Zu kleiner Flattersatzbereich…
… ergibt zu wenig rhythmische Unterschiede.

Die Schriftwahl ist von eminenter Bedeutung; nicht nur
im Buch, sondern auch in der täglichen
Werbung vermag sie das «Innere nach außen zu stül-
pen». Über die Schriftwahl hinaus ist noch
etwas anderes wichtig: Man muss die Absicht hinter der
typografischen Form erkennen können.
Und: Typografie muss lesbar sein. Wenn man aber von

8 Zu großer Flattersatzbereich…
… ergibt einen unruhigen Rhythmus.

Die Schriftwahl ist von eminenter Bedeutung; nicht
nur im Buch, sondern auch in der täglichen
Werbung vermag sie das «Innere nach außen zu stülpen». Über die Schriftwahl hinaus ist noch
etwas anderes wichtig: Man muss die Absicht hinter
der typografischen Form erkennen können.
Und: Typografie muss lesbar sein. Wenn man aber

9 Regelmäßiger Rhythmus
Der Flattersatz sollte kurz-lang oder lang-kurz gehalten werden. Die kurzen beziehungsweise langen Zeilen sollten jedoch nicht ähnliche Längen aufweisen.

Die Schriftwahl ist von eminenter Bedeutung; nicht
nur im Buch, sondern auch in der täglichen Werbung
vermag sie das «Innere nach außen zu stülpen». Über
die Schriftwahl hinaus ist noch etwas anderes wichtig:
Man muss die Absicht hinter der typografischen Form
erkennen können. Und: Typografie muss lesbar sein.

10 Sprachlich unlogische Zeilenbildungen …
… sollten, wenn möglich, vermieden werden.

Optische Wahrnehmungen in der Typografie

Schlechtes Beispiel einer Trennung

Optische Wahrnehmungen
in der Typografie

Gutes Beispiel einer Trennung

Zeilenfall bei Titeln
Grundsätzlich sollten Titel sprachlich logisch getrennt werden. Dabei sollte folgende Regel eingehalten werden (sofern die formalen typografischen Vorgaben erfüllt sind): Artikel, Präpositionen und Konjunktionen stehen auf der folgenden Zeile.
Zu Gunsten von formalen Kriterien – schlechter Zeilenfall oder Titelbildung bei mehreren Spalten im Zeitungssatz – kann die oben stehende Regel umgangen werden.

In dieser Anthologie wurden vor allem die Dichter berücksichtigt, deren Werke schwer zugänglich sind, die keinen bekannten Verleger fanden und die nur in kleinen, rasch vergriffenen Auflagen erschienen sind. Das Schicksal, das ihre Arbeiten einem größeren Leserkreis entzog und sie mehr in den Hintergrund drängte, scheint uns jedoch nicht mit ihrer künstlerischen Dimension, mit ihrer persönlichen Intensität und ihrer entwicklungsgeschichtlichen Bedeutung in Einklang zu stehen. Es wurde daher hier versucht, eine Gruppe solcher Abseitiger zusammenzustellen und dem Publikum zugänglich zu machen, zwischen denen trotz individueller Verschiedenheiten, trotz beträchtlicher Generationsabstände und nationaler Unterschiede eine gewisse spirituelle Verbindung lebendig ist. Zeitlich und räumlich Auseinanderliegendes wurde geistig zusammengerückt und über alle persönliche und regionale Vielfalt hinaus wieder als Einheit gesehen.

Flattersatz rechtsbündig

Rechtsbündiger Flattersatz
Für große Textmengen ist diese Satzart unbrauchbar. Steter Wechsel des Zeilenanfangs ermüdet das Auge. Für kurze Texte, zum Beispiel Legenden, ist rechtsbündiger Flattersatz gut anwendbar.
Die ästhetischen Kriterien bleiben die gleichen wie beim linksbündigen Flattersatz.

In dieser Anthologie wurden vor allem die Dichter berücksichtigt, deren Werke schwer zugänglich sind, die keinen bekannten Verleger fanden und die nur in kleinen, rasch vergriffenen Auflagen erschienen sind. Das Schicksal, das ihre Arbeiten einem größeren Leserkreis entzog und sie mehr in den Hintergrund drängte, scheint uns jedoch nicht mit ihrer künstlerischen Dimension, mit ihrer persönlichen Intensität und ihrer entwicklungsgeschichtlichen Bedeutung in Einklang zu stehen. Es wurde daher hier versucht, eine Gruppe solcher Abseitiger zusammenzustellen und dem Publikum zugänglich zu machen, zwischen denen trotz individueller Verschiedenheiten, trotz beträchtlicher Generationsabstände und nationaler Unterschiede eine gewisse spirituelle Verbindung lebendig ist. Zeitlich und räumlich Auseinanderliegendes wurde geistig zusammengerückt und über alle persönliche und regionale Vielfalt hinaus wieder als Einheit gesehen.

Zentrierter Flattersatz (Mittelachsensatz)

Zentrierter Satz
Zentriert gesetzte Zeilen erschweren bei großen Textmengen die Lesbarkeit wegen einer fehlenden Satzkante erheblich. Das Auge ermüdet sehr schnell. Diese Satzart ist nur für kleine Textmengen geeignet! Beim zentrierten Satz gelten vom Rhythmus her dieselben Regeln wie beim Flattersatz.

In dieser Anthologie wurden vor allem die Dichter
berücksichtigt, deren Werke schwer zugänglich sind, die
keinen bekannten Verleger fanden und die nur in kleinen,
rasch vergriffenen Auflagen erschienen sind. Das Schicksal,
das ihre Arbeiten einem größeren Leserkreis entzog und
sie mehr in den Hintergrund drängte, scheint uns jedoch
nicht so mit ihrer künstlerischen Dimension, mit ihrer
persönlichen Intensität und ihrer entwicklungsgeschicht-
lichen Bedeutung in Einklang zu stehen.

Blocksatz mit verschränkten Zeilen

Blocksatz mit verschränkten Zeilen
Diese Satzart ist eine rein formale Spielerei und für größere Textmengen nicht geeignet. Die Zeilen werden abwechslungsweise einmal links, einmal rechts ausgeschlossen.

Menüs in QuarkXPress 5.0

Nebenstehend eine Übersicht über die Fenster und Dialoge zur grundsätzlichen Einstellung der Schrift- und Satzparameter.* Die angegebenen Tastaturkürzel erleichtern den Zugang bei regelmäßigem Gebrauch.

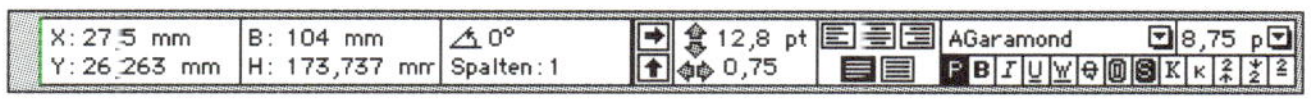

Maßpalette

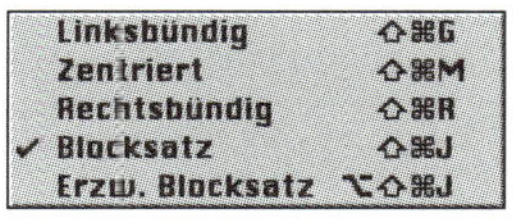

Menü «Stil → Ausrichtung» oder die angegebenen Shortcuts

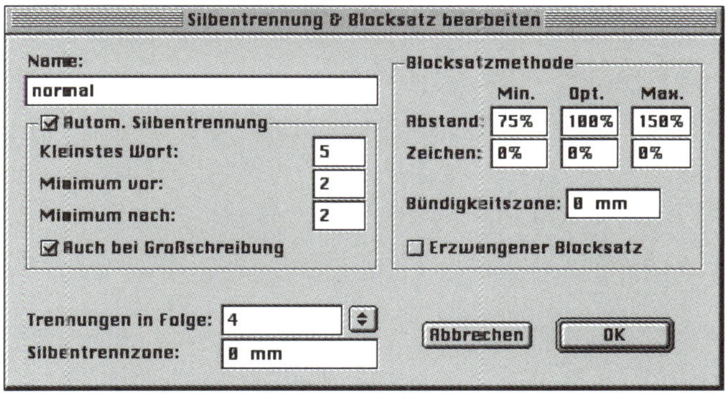

«Silbentrennung & Blocksatz bearbeiten»: ⌥⌘H

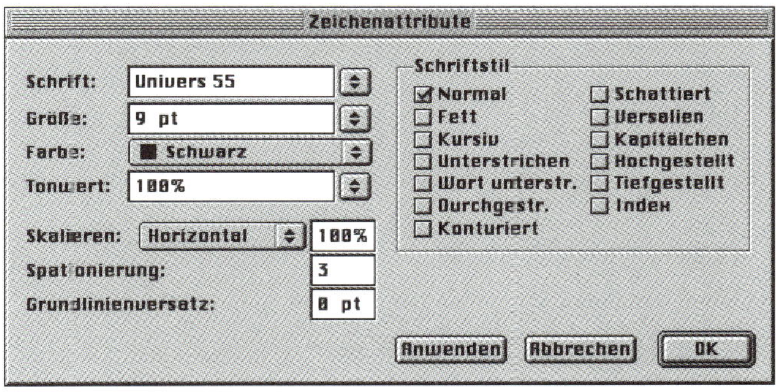

«Zeichenattribute»: ⇧⌘D

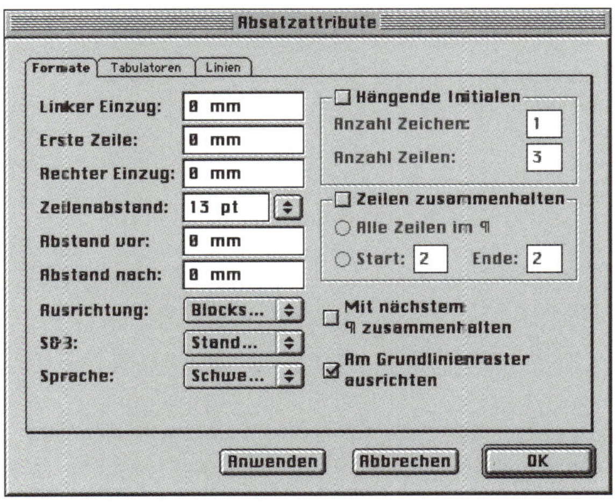

«Absatzattribute»: ⇧⌘F

* Weiter gehende Informationen zu den Einstellungen der Vorgaben: Band 3, Avor

Menüs in InDesign 2.0

Hier zusammengefasst die diversen Fenster* und deren Shortcuts für Schrift, Schriftgröße, Zeilenabstand, Laufweite, Wortabstand, Trennungen usw.

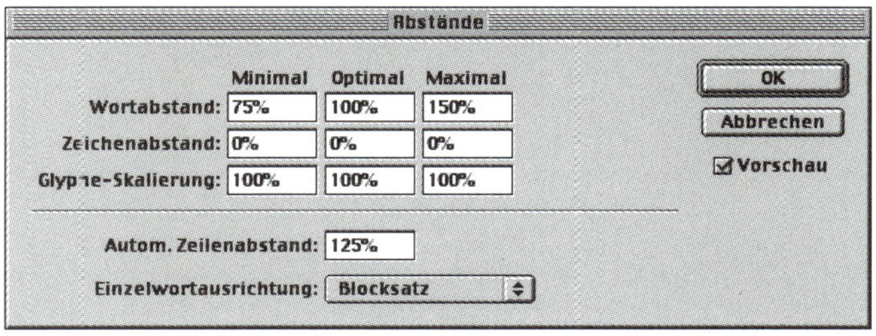

«Abstände»: ⇧⌥⌘J

Die «Glyphe-Skalierung» sollte unverändert bleiben. Von 100 % abweichende Werte lassen ansonsten Variationen der Buchstabenbreite zu.

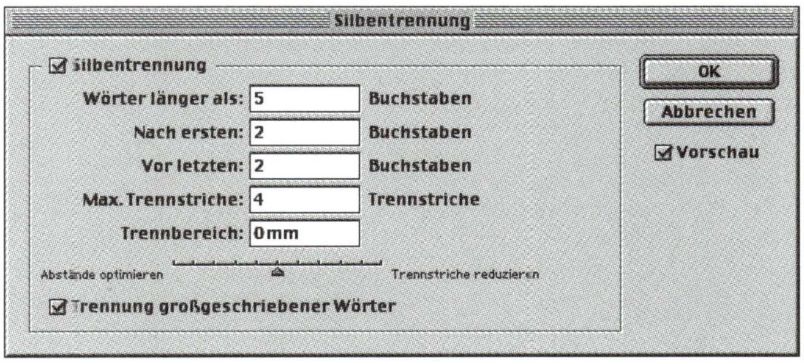

«Silbentrennung»: ⌥⌘H

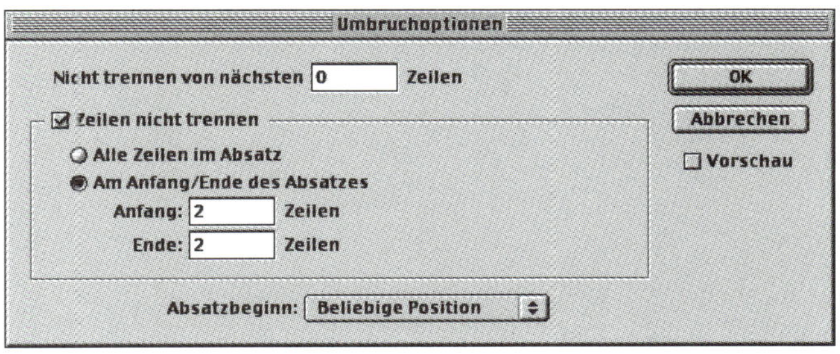

«Umbruchoptionen»: ⌥⌘K

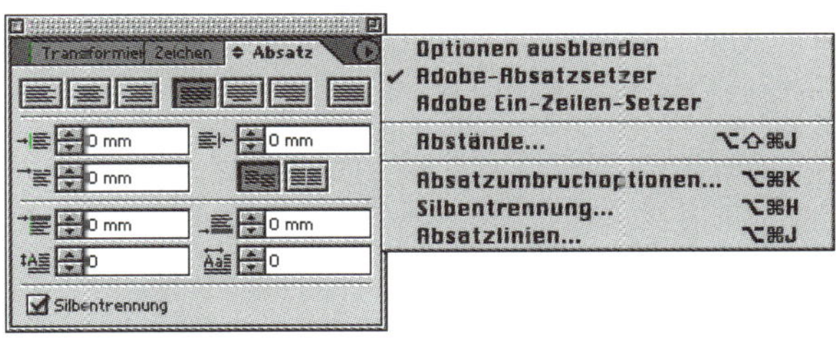

«Absatz»-Palette und die weiteren Menüs: ⌘M

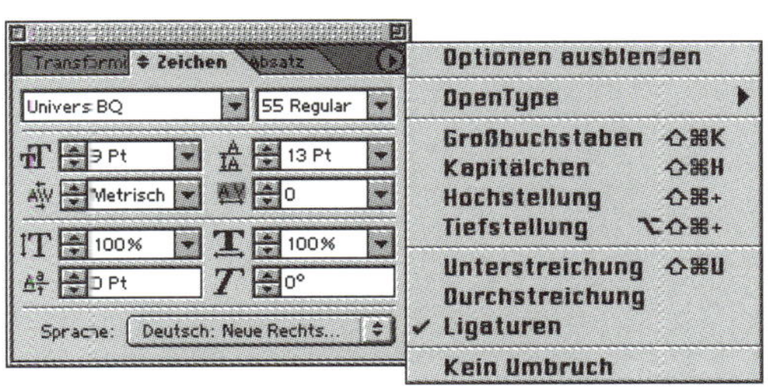

«Zeichen»-Palette und die weiteren Menüs: ⌘T

InDesigns Absatzmethoden

InDesign kennt zwei verschiedene Blocksatz-Trennmethoden: die Ein-Zeilen-Setzer- und die Absatzsetzer-Trennmethode.

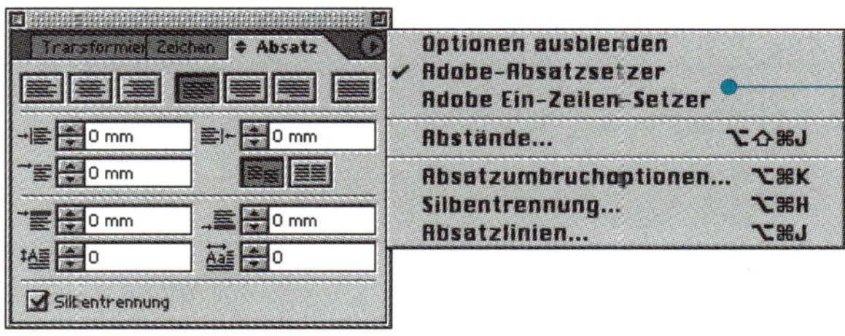

In der «Absatz»-Palette kann zwischen den beiden Umbruchmethoden umgeschaltet werden.

Absatzsetzer

Mit dieser Methode wird der Blocksatz über mehrere Zeilen hinweg optimiert. Das heißt, InDesign versucht möglichst die definierten Vorgaben einzuhalten.
Dies hat jedoch zur Folge, dass sich bei einer minimalen Korrektur der Umbruch über mehrere Zeilen verändern kann (→ Beispiel). Schlechte oder fehlerhafte Trennungen sind dabei nie ganz auszuschließen.
Daher sollte zur Wahrung der Satzqualität der Umbruch anschließend vom Typografen kontrolliert und gegebenenfalls korrigiert werden.

Blocksatz mit fehlendem Wortabstand

In demselben Maße, worin sich die Bourgeoisie, d. h. das Kapital, entwickelt, in demselben Maße entwickelt sich das Proletariat, die Klasse der modernen Arbeiter, die nur solange leben, als sie Arbeit finden, und die nur so lange Arbeit finden, als ihre Arbeit das Kapital vermehrt. Diese Arbeiter, die sich stückweis verkaufen müssen, sind eine Ware wie jeder andere Handelsartikel und daher gleichmäßig allenWechselfällen der Konkurrenz, allen Schwankungen des Marktes ausgesetzt.

Veränderter Umbruch nach der Korrektur

In demselben Maße, worin sich die Bourgeoisie, d. h. das Kapital, entwickelt, in demselben Maße entwickelt sich das Proletariat, die Klasse der modernen Arbeiter, die nur solange leben, als sie Arbeit finden, und die nur so lange Arbeit finden, als ihre Arbeit das Kapital vermehrt. Diese Arbeiter, die sich stückweis verkaufen müssen, sind eine Ware wie jeder andere Handelsartikel und daher gleichmäßig allen Wechselfällen der Konkurrenz, allen Schwankungen des Marktes ausgesetzt.

Ein-Zeilen-Setzer

Der Ein-Zeilen-Setzer optimiert – ähnlich wie dies auch in QuarkXPress geschieht – den Umbruch Zeile für Zeile. Dies hat den Nachteil, dass die Vorgaben (Wortabstand, Laufweite, Silbentrennung) nicht über mehrere Zeilen überprüft werden. Kleine Korrekturen können zu einem schlechteren Satzbild führen, da nur die nachfolgende Zeile verändert wird (siehe nebenstehendes Beispiel).

Blocksatz mit einem Fehler

In demselben Maße, worin sich die Bourgeoisie, d. h. das Kapital, entwickelt, in demselben Maße entwickelt sich das Proletariat, die Klasse der modernen Arbeiter, die nur solange leben, als sie Arbeit finden, und die nur so lange Arbeit finden, als ihre Arbeit das Kapital vermehrt. Diese Arbeiter, die sich stückweis verkaufen müssen, sind eine Ware wie jeder andere Handelsartikel und daher gleichmäßig allenWechselfällen der Konkurrenz, allen Schwankungen des Marktes ausgesetzt.

Veränderte Stellen

In demselben Maße, worin sich die Bourgeoisie, d. h. das Kapital, entwickelt, in demselben Maße entwickelt sich das Proletariat, die Klasse der modernen Arbeiter, die nur solange leben, als sie Arbeit finden, und die nur so lange Arbeit finden, als ihre Arbeit das Kapital vermehrt. Diese Arbeiter, die sich stückweis verkaufen müssen, sind eine Ware wie jeder andere Handelsartikel und daher gleichmäßig allen Wechselfällen der Konkurrenz, allen Schwankungen des Marktes ausgesetzt.

Schwache Auszeichnungsart

kursiv

KAPITÄLCHEN

Mittlere Auszeichnungsart

S p e r r e n

andere Schriftart

VERSALIEN

Unterstreichen als Auszeichnungsart

farbige Auszeichnung

Starke Auszeichnungsart

halbfette Schrift

fette Schrift

größerer Grad

Negativ

Auszeichnen

Auszeichnen bedeutet Hervorheben von Textteilen – Buchstaben, Wörter, Zeilen oder Absätze – aus ihrem Umfeld. Eine andere Schrift, ein anderer Schnitt können beispielsweise den optischen Kontrast ausmachen. Eine Manuskriptvorbereitung z. B. kann mit Farben oder verschiedenen Unterstreichungen erfolgen.

Kursiv
Die Ruhe des Satzbildes bleibt gewahrt.

Kapitälchen
Ruhige Wirkung. Sie werden vor allem zur Auszeichnung von Namen verwendet und müssen leicht gesperrt werden. Ungleiche Zeichenabstände sollten ausgeglichen werden. Keine falschen Kapitälchen verwenden.

Sperren
Auszeichnen durch starke Erweiterung der Laufweite.

Andere Schriftart
Kontrast suchen. Nicht Schriften derselben DIN-Schriftgruppe mischen.

Versalien
Versal gesetzte Wörter wirken innerhalb der Grundschrift größer. Darum sollten die Versalzeilen leicht kleiner gesetzt werden. Ausgleichen, leicht spationieren!

Unterstreichen
Es ist darauf zu achten, dass Unterlängen freistehen.

Farbe
Auf Farbkontrast achten.

Halbfett
Stärker hervortretende Auszeichnung, z. B. bei Stichwörtern in Lehrbüchern.

Fett
Innerhalb eines Lauftextes ist fette Schrift zu vermeiden.

Größerer Grad ...
... ist nur bei stark durchschossenem Satz oder einzelnen Zeilen möglich!

Negativ
Negative Hervorhebungen erfordern genügend durchschossene Texte. Schrift leicht sperren!

Matwej wohnte unweit vom Bahnhof in der Schankwirtschaft seines Vetters. Allein, er wollte n i c h t nach Hause. Er setzte sich zu dem Bahnhofrestaurateur hinter die Theke und erzählte halblaut:
«Fünf Werst entfernt, sodass ich bei meiner schwachen Gesundheit NICHT hin kann, außerdem gibts dort keine Sänger. Und zu Hause hab ich niemals Ruhe, täglich **nichts** als Lärm, Zank und Unsauberkeit; wir essen alle aus einer Schüssel, als wären wir Bauern, und in der Kohlsuppe schwimmen Schaben... Gott will mir die Gesundheit nicht zurückgeben, sonst wäre ich freiwillig schon *lange* fortgegangen, Sergej Nikanorytsch.»
Matwejs Antlitz schimmerte glückselig, er sang und bog dabei den Hals, als wollte er sich in die Höhe schwingen. Er sang Tenor und sprach auch den Kanon im Tenor mit süßer Überzeugungskunst. Als aber die «Stimme des Erzengels» **nicht** angestimmt wurde, schwenkte er den Arm wie ein Dirigent und brachte, da er sich die größte Mühe gab, mit dem dumpfen, greisenhaften Bass des Mesners übereinzustimmen, mit seinem Tenor etwas ungewöhnlich Kompliziertes hervor, wobei auf seinem Antlitz klar zu lesen war, dass er hierbei eine große Genugtuung empfand.
Als der Abendgottesdienst zu Ende war, gingen alle leise fort, und aufs Neue wurde es dunkel und öde; es brach jene Stille herein, die es nur auf Eisenbahnstationen gibt, die einsam im Felde oder im Walde stehen, vom Winde so umweht, dass man außer ihm nichts mehr hört und nur noch die Einöde spürt, die ringsum herrscht, die ganze Schwermut des verrinnenden Lebens.

Sperren
Versalien
Halbfett
Andere Schrift
Negativ
Halbfett in anderer Schrift
Farbe
Unterstreichen

Renaissance-Antiqua

Duktus

Klassizistische Antiqua

Duktus

Serifenlose Linear-Antiqua

Duktus

Duktus

Als Duktus bezeichnet man die Art und Weise, wie ursprünglich ein Schreiber seine Feder führte, also die Strichführung und Stärke einer Schrift (fett-fein, fett-halbfett-fett).

Typo*grafie*

Univers Black (Gruppe VI)*, mit Adobe-Garamond kursiv (Gruppe II) gemischt.

Typografie

Univers Black (Gruppe VI), mit Adobe-Garamond Regular (Gruppe II) gemischt.

Typografie

Univers Black (Gruppe VI), mit Bauer Bodoni (Gruppe IV) gemischt.

Mögliche Schriftmischung

Beim Schriftmischen sollten immer Schriften aus verschiedenen Familien aufeinander treffen. So wird vielfach eine serifenlose Schrift mit einer Serifenschrift gemischt. Auch sollte darauf geachtet werden, dass der Duktus verschieden ist und die Mittellängenhöhe beider Schriften übereinstimmt.

Typo*grafie*

Galliard, mit Adobe-Garamond kursiv (beide Gruppe II) gemischt.

Typografie

Univers Black, mit Helvetica Roman gemischt (beide Gruppe VI).

Problematische Schriftmischung

Schriftmischungen mit Schriften aus der gleichen Gruppe und gleichem Charakter sind zu vermeiden.

* Nach DIN-Klassifikation 16518

Titel: Thesis, The Sans Bold
Grundtext: Utopia

Schrift als Beschwörung

Vor etwa dreißigtausend Jahren beginnt sich im Tanz erstmals Schrift zu artikulieren. Die mit Gliedmaßen und dem Körper in die Luft geschriebenen Zeichen gelten einer Gottheit und besitzen in ihrem Bewegungsablauf bereits eine Grammatik. Etwas später dann entsteht der Versuch, in Fels- und Höhlenbildern eine dauerhaftere Sprache zu formulieren.

Titel: Akzidenz-Grotesk Bold
Grundtext: Swift Bold

Schrift als Beschwörung

Vor etwa dreißigtausend Jahren beginnt sich im Tanz erstmals Schrift zu artikulieren. Die mit Gliedmaßen und dem Körper in die Luft geschriebenen Zeichen gelten einer Gottheit und besitzen in ihrem Bewegungsablauf bereits eine Grammatik. Etwas später dann entsteht der Versuch, in Fels- und Höhlenbildern eine dauerhaftere Sprache zu formulieren.

Titel: Frutiger BQ 65
Grundtext: Minion

Schrift als Beschwörung

Vor etwa dreißigtausend Jahren beginnt sich im Tanz erstmals Schrift zu artikulieren. Die mit Gliedmaßen und dem Körper in die Luft geschriebenen Zeichen gelten einer Gottheit und besitzen in ihrem Bewegungsablauf bereits eine Grammatik. Etwas später dann entsteht der Versuch, in Fels- und Höhlenbildern eine dauerhaftere Sprache zu formulieren.

Titel: Franklin ITC BQ Demi
Grundtext: Lino Letter Medium

Schrift als Beschwörung

Vor etwa dreißigtausend Jahren beginnt sich im Tanz erstmals Schrift zu artikulieren. Die mit Gliedmaßen und dem Körper in die Luft geschriebenen Zeichen gelten einer Gottheit und besitzen in ihrem Bewegungsablauf bereits eine Grammatik. Etwas später dann entsteht der Versuch, in Fels- und Höhlenbildern eine dauerhaftere Sprache zu formulieren.

Titel: Rockwell Bold
Grundtext: Univers 55

Schrift als Beschwörung

Vor etwa dreißigtausend Jahren beginnt sich im Tanz erstmals Schrift zu artikulieren. Die mit Gliedmaßen und dem Körper in die Luft geschriebenen Zeichen gelten einer Gottheit und besitzen in ihrem Bewegungsablauf bereits eine Grammatik. Etwas später dann entsteht der Versuch, in Fels- und Höhlenbildern eine dauerhaftere Sprache zu formulieren.

Schriften mischen

Wichtig beim Mischen von Schriften ist, dass der formale Kontrast die Schriftmischung unterstützt. Je stärker zusätzlich die Auszeichnungen gewählt werden, desto deutlicher wird der Unterschied der Schriftmischung erkennbar. Eine gute Mischung verwendet möglichst Schriftfamilien mit gegensätzlicher Haltung.

Stichwortverzeichnis

A

Absatzsetzer
Zur Erzeugung eines optimalen Satzbildes fließen in die Analyse alle Umbrüche eines Absatzes mit ein. Dadurch wird das Satzbild ausgeglichener und die typografischen Vorgaben werden besser eingehalten. (→Ein-Zeilen-Setzer)

Adobe
Font- und Softwarehersteller.

Akzente
Betonungszeichen.

Alternativ-Fonts
→Expert-Fonts.

Anschläge
Angabe der Tastleistung beim Setzen.

Ausgleichen
Der Ausgleich optisch ungleicher Räume zwischen den Buchstaben. Bei Versalsatz muss dies manuell korrigiert werden.

Auszeichnen
Hervorheben von Textgruppen, Textzeilen oder einzelnen Wörtern.

B

Berthold
Hersteller von Fonts.

Blocksatz
Satzart mit links- und rechtsbündiger Satzkante.

Bodytype-Schriften
Ausdruck für Fonts von Scangraphic, die für Schriftgrößen in kleinen Schriftgrößen gezeichnet wurden.

Breite Schriften
Schriftschnitte, deren Formen im Gegensatz zu normalen Schnitten breiter gezeichnet wurden.

D

Dickte
Buchstabenbreite plus →Vor- und →Nachbreite.

Digital
Numerische Art der Darstellung.

DIN-Klassifikation
Einteilung der Schriften nach formalen und stilgeschichtlichen Kriterien (DIN-Normierung 16518).

Divis (-)
Dient zur Worttrennung oder als Bindestrich bei Kuppel-Wörtern.

DTP
Desktop Publishing.

Duktus
Strichführung eines Schriftzeichens. Der Duktus wird stark durch das Schreibwerkzeug und die formale Erscheinung der Schrift bestimmt.

Durchschuss
Durchschuss bezeichnet den (Leer-)Raum zwischen den Zeilen.

Durchschossener Satz
Beim durchschossenen Satz ist der Zeilenabstand größer als die Schriftgröße.

E

Echte Schnitte
Schnitte, die gezeichnet und nicht elektronisch modifiziert wurden.

Einheit
Kleinster Teil eines Gevierts.

Ein-Zeilen-Setzer
Für den Zeilenumbruch wird unter Berücksichtigung der Vorgaben nur die jeweils aktuelle Zeile analysiert. (→Absatzsetzer)

Erweiterte Schriftfamilien
Als erweiterte Schriftfamilien werden Schriften bezeichnet, die aus zwei oder mehreren Schriftfamilien – Antiqua, Grotesk, serifenbetonter Schrift – mit aufeinander bezogenen Formen und Zurichtungen (gemeinsame x-Höhe, Laufweite usw.) bestehen.

Erzwungener Blocksatz
Blocksatz mit erzwungener Ausgangszeile oder Blocksatz mit verschiedenen Laufweiten.

Expert-Fonts
Fonts für Sonderzeichen wie Ligaturen, Bruchziffern, →Hilfszeichen usw. Bei Fotosatzgeräten auch Pi-Fonts genannt.

F

Flattersatz
Satzart mit links- oder rechtsbündiger Satzkante.

Flatterbereich/-zone
Bereich der Trennzone im Flattersatz.

Fonts
Schriftbildträger in digitalisierter Form. Jeder Schnitt einer Schriftfamilie wird als Font bezeichnet.

Frutiger, Adrian
Schweizer Schriftdesigner (Meridien, Univers, Serifa, Frutiger, Centennial, Avenir, Vectora usw.)

Fußnote
Anmerkung zu einer bestimmten Textstelle, meistens am Fuß einer Seite.

G

Gemeine
Bezeichnung für Kleinbuchstaben.

Gemeine Ziffern
Auch Mediäval-Ziffern genannt. Ziffern, die auf Oberlänge, Mittellänge und Unterlänge aufgebaut sind, auch Minuskelziffern genannt.

Geviert
Entspricht der Höhe und Breite des Schriftkegels (Standardgeviert). Das DTP-Geviert entspricht in der Höhe dem Schriftgrad, in der Breite zwei Nullen.

Geviertstrich (—)
Wird nur bei nachkommafreien Geldbeträgen (8.—, 8,–) in tabellarischen Aufstellungen verwendet. Laut Duden ist er jedoch als Gedankenstrich erlaubt (→Halbgeviertstrich).

H

Haarlinie
Sehr dünner Strich, im Gegensatz zum breiteren Grundstrich. Mehrheitlich bei klassizistischen Schriften. Haarlinie bezeichnet auch die feinste Linie, die auf einem DTP-Gerät eingegeben werden kann.

Halbgeviertstrich (–)
Findet als Gedanken- oder Streckenstrich Verwendung.

Hilfszeichen
Apostroph, Gedankenstrich u. ä.

Hochgestellte Ziffern (Supérieurs)
Ziffern für Bruchziffern und Fußnotenziffern.

Hybrid-Form
Zwischenformen von Buchstaben wie SemiSans oder SemiSerif.

Hybrid-Schriften
→Erweiterte Schriftfamilien.

I

InDesign
DTP-Layoutprogramm von Adobe.

K

Kapitälchen
Großbuchstaben auf etwa Mittellängenhöhe.

Kerning
Manuelles Verringern von Buchstabenabständen, auch Unterschneiden genannt. Häufig bei kritischen Kombinationen, z.B. bei Ty, Vo.

Kompresser Satz
Beim kompressen Satz ist der Zeilenabstand mit der →Schriftgröße identisch. Satz, der ohne →Durchschuss gesetzt wurde.

Konsultationsgrößer
Schriftgrößen von 6 bis 8 Punkt.

L

Laufweite (LW)
Die Buchstaben haben zueinander einen bestimmten Abstand. Der Zeichenabstand bestimmt die Laufweite einer Schrift.

Lesegrößen
→Schriftgrößen von 9 bis 12 Punkt.

Lichtsatz
Bezeichnung für die Satzherstellung auf Fotosatzsystemen mit CRT- und Laserbelichtungseinheiten.

Ligaturen
Buchstabenverbindungen, die zwei oder drei Zeichen zu einem einzelnen Zeichen zusammenfassen.

Linotype
Hersteller von Schriften, Soft- und Hardware.

M

Manuskriptvorbereitung
Typografische und sprachliche Aufbereitung des Manuskriptes.

Mediäval-Ziffern
→Gemeine Ziffern.

Mengensatz
Fortlaufender Text in Block- oder Flattersatz.

Mittellängenhöhe
Bezeichnung für die Höhe der Kleinbuchstaben ohne →Ober- und Unterlänge.

Modifikation
Elektronisches Verändern der Schrift in Lage, Breite und Stärke.

Multiple Master Typefaces
Programm zur Veränderung von Schriften in Breite, Stärke und Stil.

N

Nachbreite
Zusätzlicher rechnerischer Wert rechts des Zeichens. Zusammen mit der →Vorbreite und der Breite des Zeichens ergibt dieser Wert die →Dickte.

Neigungswinkel (Schräglage)
Die Schrägstellung bei Kursivschriften liegt zwischen 10° und 17°.

O

Oberlänge, Unterlänge
Diejenigen Anteile von Kleinbuchstaben, welche die →x-Höhe nach oben (b, h) oder nach unten (g, p) überschreiten.

Offsetkorrektur
Optische Korrektur bei Schriften in kleinen Graden, die das Zusammenfallen von zusammenlaufenden Strichen vermeidet.

OpenType
Weiterentwicklung des TrueType-Fonts. Das OpenType-Schriftformat kann wesentlich mehr Zeichen wiedergeben.

Optische Mitte
Imaginäre waagrechte Linie, die als Mittellinie erscheint, jedoch leicht über der geometrischen Mitte liegt.

Optischer Zeilenabstand
Auch optischer Durchschuss oder optischer Zeilenzwischenraum genannt. Abstand von der Schriftlinie zur x-Höhe der nächsten Zeile.

Outline-Schriften
Umrissdarstellung eines Zeichens oder einer Schrift.

P

Passer
Genauigkeit von Druckfilmen.

Punkt
→Typografischer Punkt.

Punzen
Buchstabeninnenraum.

Q

QuarkXPress
DTP-Layoutprogramm.

R

Rausatz
Unbearbeiteter Flattersatz oder Flattersatz mit kurzer Flatterzone.

S

Scangraphic (Scantext)
Hard- und Software-Hersteller.

Schaugrößen
Schriftgrößen ab 14 Punkt.

Schmale Schriften
Schriftschnitte, deren Formen im Gegensatz zu normalen Schnitten schmaler gezeichnet wurden.

Schräglage
→Neigungswinkel.
Schriftbild
Erscheinungsform (Charakter) eines Zeichens bzw. einer Schrift.
Schriftbreite
Bezeichnung für die Breite der Schrift wie eng, schmal, normal, breit, extrabreit.
Schriftfamilie
Gesamtheit aller →Schriftschnitte einer Schrift.
Schriftgrad
Größe einer Schrift, gemessen von der →Ober- bis zur Unterlänge. Meistens wird noch ein wenig Fleisch (nichtdruckender Teil) dazugerechnet. Bezeichnung ursprünglich dem Bleisatz entnommen. Schriften wurden gewöhnlich in den Größen 5, 6, 7, 8, 9, 10, 12, 14, 16, 20, 24, 28, 36, 48, 60 und 72 Punkt geschnitten.
Schriftgröße
Maß für die vertikale Ausdehnung eines Schriftzeichens (hp-Höhe), vielfach die vertikale Ausdehnung mit zusätzlichem Fleisch (fiktiver Kegel); →Typografischer Punkt.
Schriftgruppe
Zusammenfassung von Schriften nach formalen und stilgeschichtlichen Gesichtspunkten in der DIN-Klassifikation 16 518.
Schriftlage
Gerade stehend oder kursiv (schräg stehend).
Schriftlinie
Standlinie oder Fußlinie der Schrift.
Schriftmischung
Verwendung von Schriften aus unterschiedlichen →Schriftfamilien und -gruppen in derselben Drucksache.
Schriftschnitte
Schriftvariante innerhalb einer Schriftfamilie, wie z. B. normal, schmal, fett usw.
Schriftsippe
→Erweiterte Schriftfamilien.
Strichstärke
Unterschiedliche Liniendicken der Schrift wie leicht, mager, normal, halbfett, fett, extrafett usw. (→Haarlinie)
Serifen (Serif)
«Füßchen» bei Antiqua- und serifenbetonten Schriften.
Serifenlose Schriften (Sans Serif)
Endstrichlose Schriften. Schriften, ohne «Füßchen» (DIN-Klassifikation: Gruppe VI).
Small Caps
Ausdruck für →Kapitälchen.
Spationieren
Erweitern der vom Schrifthersteller vorgegebenen →Laufweite.
Sperren
Starkes Erweitern der →Laufweite. Mögliche Auszeichnungsart.
Supertype-Schriften
Ausdruck für Titelsatz- oder Plotterschriften bei Scangraphic.

T

Tiefgestellte Ziffern (Inférieurs)
Tiefgestellte Ziffern für Bruchziffern oder Formeln.
Typografischer Punkt
Maßsysteme für Schriftgröße und Zeilenabstand:
1 Didot-Punkt = 0,37597 mm
1 Pica-Punkt = 0,35147 mm
1 DTP-Punkt = 0,35277 mm

U

Unterschneiden
→Kerning.
URW
Font-Hersteller.

V

Versalien (Majuskeln)
Bezeichnung für Großbuchstaben.
Vorbreite
Zusätzlicher rechnerischer Wert, der zur Festlegung des Zeichenabstandes zum vorhergehenden Zeichen benötigt wird (seitliches Fleisch links des Zeichens). (→Nachbreite)

W

Währungszeichen
Zeichen für Geldwährungen.
Wortabstand
Als Viertelgeviert (Drittelgeviert bei kleinen Schriftgraden) definiert; hat in QuarkXPress etwa 50 und in InDesign etwa 250 Einheiten bei normalen Schriftschnitten.

X

x-Höhe
→Mittellängenhöhe.

Z

Zeilenabstand (ZAB)
Abstand von →Schriftlinie zu Schriftlinie, der in Millimetern, DTP- oder Didot-Punkten definiert ist (→Typografischer Punkt).
Oft werden Schriftgröße und ZAB in einem Ausdruck benannt: 9/12 Punkt. Ersteres bezeichnet die Schriftgröße, letzteres den ZAB. Wobei hier der →Durchschuss 3 Punkt beträgt (→Durchschossener Satz).
Ein Satz ohne Durchschuss (→Kompresser Satz) betrüge dann beispielsweise 9/9 Punkt.
Zeilenfall
Rhythmische Ordnung der Zeilenenden beim →Flattersatz.
Zentrierter Satz
Beidseitig flatternder Satz mit symmetrischer Ausrichtung, auch Mittelachsensatz genannt.
Zufallsgenerator
Ermöglicht, dass bei Schriften jedes einzelne Zeichen immer anders aussieht (Schrift Beowolf).
Zurichtung
Exakter Ausgleich von Buchstaben und Buchstabenkombinationen nach optischen Gesichtspunkten.

Bibliografie
Begleitliteratur zu Band 2

Basic Typography
James Craig
© 1990, Watson-Guptill Publications, New York
Desktop Knigge
Philipp Luidl
© 1988, te-wi Verlag GmbH, München
ISBN 3-921803-85-3
Das Detail in der Typografie
Jost Hochuli
© 1987, Agfa Compugrafic Corp., Wilmington (Mass.)
Lesetypografie
Hans Peter Willberg, Friedrich Forssman
© 1997, Verlag Hermann Schmidt, Mainz
ISBN 3-87439-375-5
Lexikon der Satzherstellung
Manfred Dorra, Hans Walk
© 1990, Verlag Beruf und Schule, D-Itzehoe, ISBN 3-83013-404-9
Mut zur Typografie
Jürgen Gulbins, Christine Kahrmann
© 1992, Springer-Verlag Berlin
ISBN 3-540-55708-3
Technische Grundlagen zur Satzherstellung
H. R. Bosshard
© 1980, Verlag des Bildungsverbandes Schweizerischer Typografen, Bern
ISBN 3-85584-010-5
Typografie
Philipp Luidl
© 1989, Schlütersche Verlagsanstalt und Druckerei GmbH & Co., Hannover
ISBN 3-87706-290-3
Typografie, Basiswissen
Philipp Luidl
© 1996, Deutscher Drucker Verlagsgesellschaft mbH, Ostfildern
ISBN 3-920226-75-5
Wo der Buchstabe das Wort führt
Kurt Weidemann
© 1994, Kurt Weidemann und Cantz Verlag, Ostfildern
ISBN 3-89322-521-8

Zeitschrift
Typografische Monatsblätter
Herausgegeben von der Mediengewerkschaft comedia Schweiz, Monbijoustraße 33, 3011 Bern

Aus folgenden Büchern wurden Texte entnommmen:

Anthologie der Abseitigen
C. Giedion-Welcker
© 1946, Verlag Benteli AG Bern-Bümpliz
Schrift, die Zerstörung der Nacht
Philipp Luidl
© 1993, Philipp Luidl, TGM München
Schweiz ohne Armee? Ein Palaver
Max Frisch, © 1989 Limmat Verlag, Zürich
ISBN 3 85791 1530
Sonnenschöpfung
B. Traven
© 1936, Büchergilde Gutenberg, Zürich
Thesen zur Typografie
Aussagen zur Typografie im 20. Jahrhundert
© 1986 Linotype GmbH, Eschborn

Dank
Vielen Dank Hans Rudolf Bosshard und Max Caflisch für die wertvollen Hinweise sowie Fritz Maurer und Stefan Huber für die Mithilfe im technischen Bereich.
Ein ganz spezieller Dank gebührt Hans Kern. Ohne seinen großen Einsatz wäre die Herausgabe dieser Lehrmittel nicht möglich gewesen.

Anregungen und Kritik werden vom comedia-Verlag gerne entgegengenommen.

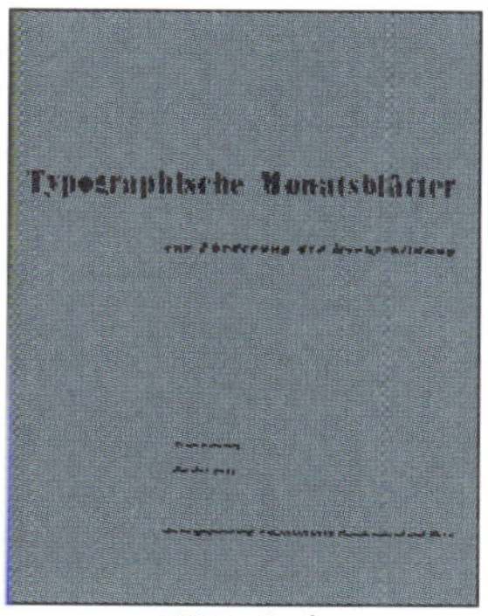

1932, Probenummer

1933, Nr. 5

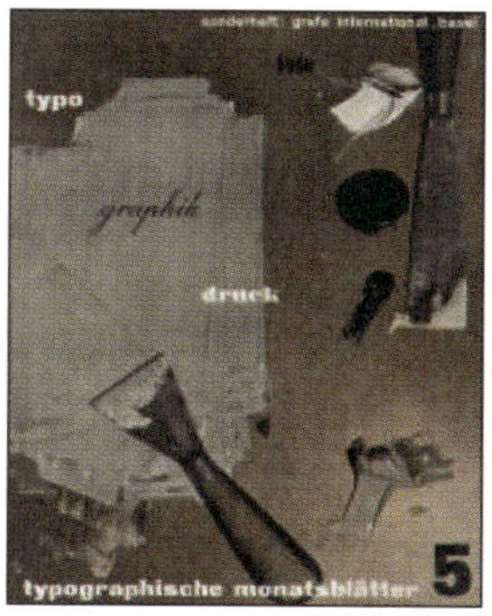

1936, Nr. 5

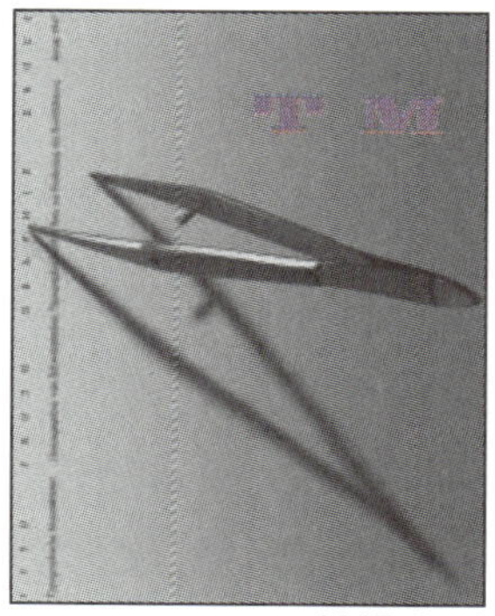
1947, Nr. 1

1948, Nr. 4

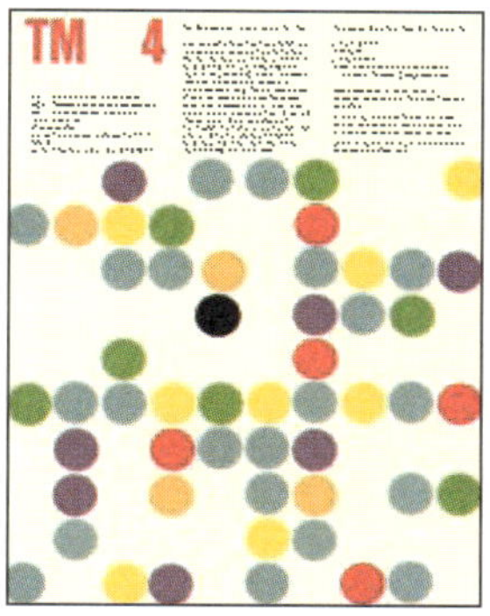

1954, Nr. 4

1960, Nr. 10

1961, Nr. 3

1968, Nr. 10

1976, Nr. 12

1977, Nr. 5

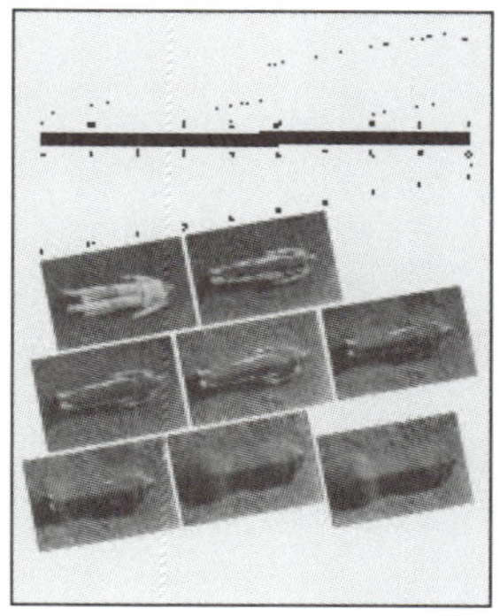
1983, Nr. 4

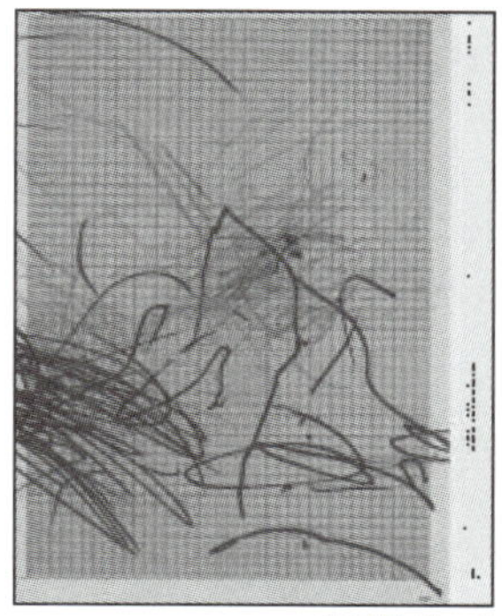
1987, Nr. 6

1994, Nr. 4

1996, Nr. 6

1998, Nr. 3

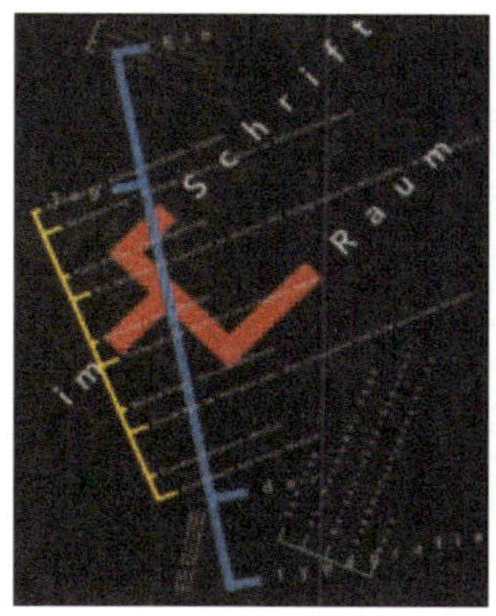

2000, Nr. 6

tm rsi stm: Über Schrift, Gestaltung, Sprache, Medien und Technik

Als im Oktober 1932 die silberfarbige Probenummer der neugegründeten Fachzeitschrift «Typografische Monatsblätter» erschien (gesetzt in der Futura von Paul Renner), war das ein sehr politisches und programmatisches Projekt in einer wirtschaftlich schwierigen Zeit: Der damalige Schweizerische Typographenbund war beauftragt worden, das berufliche Bildungswesen zu zentralisieren, die wirtschaftlichen Interessen und Rechte seiner Mitglieder im Gesamtarbeitsvertrag zu verankern und zu vertreten und periodisch ein «Fachorgan zur Förderung der Berufsbildung» herauszugeben: Die «Typografischen Monatsblätter tm rsi stm» entstanden. Redaktoren, Fachleute, Lehrbeauftragte, Kulturschaffende, Gewerkschaftsmitglieder und Schulen im In- und Ausland haben in der Folge während über 67 Jahren in über 570 Ausgaben das gestalterische und technologische Zeitgeschehen mitgeschrieben und mitgeprägt. Die Fachbeiträge, Analysen, Kontroversen, Ansichten und Arbeitsbeispiele haben Generationen von Berufsleuten und Studierenden Wissen und Impulse vermittelt und die tm rsi stm zu einem übernationalen Forum gemacht. Die Fortsetzung lesen Sie in jeder neuen Ausgabe. (Die tm rsi stm erscheinen zweimonatlich und werden von der Schweizer Mediengewerkschaft comedia herausgegeben. Verlangen Sie den Prospekt bei comedia, Monbijoustrasse 33, Postfach, 3001 Bern, Telefon 031 390 66 11 oder bestellen Sie direkt über www.comedia.ch unter «Publikationen».)

www.comedia.ch